MY PUBLIC & GROUND LEVEL

マイパブリックとグランドレベル

今日からはじめるまちづくり

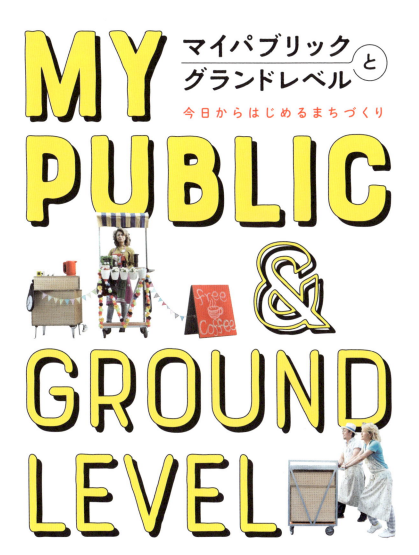

田中元子

晶文社

マイパブリックとグランドレベルの見方

日本・東京
汐入公園でフリーコーヒーをふるまう

フレームを上に引き上げ、小さな屋根を傾け、マグネットで布を留める。この小さなフレーム、既視感や記号性を感じられるオーニングを介することで、コミュニケーションのパフォーマンスが確実に上がる。

美しい樹木が一本あれば、そこに小さな屋台を寄り添わせるだけで、絵になる。ひとはこの光景そのものに惹かれ、パーソナル屋台へ近づいてくる。何もないだだっ広いところでは、同じ効果は得られない。

看板は、黄色・水色のリバーシブルの黒板になっていて、その場に応じて使い分ける。チョークで「WELCOME FREE DRINK」の文字を描く。無料？　どうして？　とひとが近づいてくる

いろんな飾りやフックを引っかけられるよう、屋台のフレームや木製の棚には、無数の穴や溝がつくられている。利用者の能動性を最大限引き出すディテールが詰め込まれている。

パブリックな場所で、ひととひとがオープンなコミュニケーションを図っていることがわかると、その光景を見ていたパブリックマインド溢れるひとが次々と近づいてくるのは、グランドレベルの基本的な法則。

PHOTO_GROUND LEVEL INC.

マイパブリックとグランドレベルの見方

02 デンマーク・コペンハーゲン
路面に本棚を出す半地下の書店

道路側にも台を設置し、本が詰められたボックスを設置している。ボックスには手描きの文字が。これもひとつのマイパブリック。この青い棚、壁沿いの本棚、そして店内の本棚と、本棚が三段構えのレイヤーで見え、人々は思わず店舗に引き寄せられる。

窓枠に沿ってコの字型に施された植物。これがあるとないとでは、この店舗が外に与える情報量が異なってくる。冬や天気が悪い日でも、アイキャッチとして働く。

半地下の本屋へ導くエントランス。入口の天井が斜めに切り取られ、そこは看板も兼ねる。エントランス脇の植栽や複数のランタンも人を引き寄せるエッジデザインとして効いている。

天井までの本棚全てが、路上から視線に飛び込んでくる。内部からは歩く人や外の本棚、またそこに集まるひとの姿が目に入る。内部の照明も暖かみのある色で、安心感を与えている。

等間隔に生じる柱に沿って小さな本棚を設置。しゃがむと見ることができる。きちんと斜め45度を向いているところがポイント。歩行者からも目に付きやすくなっている。

マイパブリックとグランドレベルの見方

03 ドイツ・ベルリン
どんな人をも受け入れる、商業施設の中庭

大きな樹木の下で、アイスクリームを食べる家族。店舗に入るほどでもないちょっとした休憩や、何気ない会話が楽しめる。

ひとの行動は、十人十色。ここに人々が自由に思い思いに過ごしていることがわかる。座るひとも、歩くひとも、立ち話をするひとも、ウインドウを眺めるひとも、地べたに座る少年も、互いの存在や行動をすべて許容している空気がある。理想的なグランドレベルの状態と言えよう。

ショッピングモールがまちとつながったら、こんな風になるのかもしれない。ベルリンの「ハッケシャー・ホーフ」はそんな複合ショッピング施設。中庭を低層の建物がぐるりと囲んでいるものを「ホーフ」と呼ぶ。「ハッケシャー・ホーフ」には8つの異なるホーフがある。

サッシなどは、店舗側でデザインすることはできず、建物ごとにすべて統一し、コントロールされている。これにより現れる各「ホーフ」の特色が来場者を楽しませている。

ベンチに座ったときに、どんな風景が見えるかはとても大切なこと。このベンチに座ると、きっと、中庭でその瞬間起こっている、ほぼすべてのひとのちょっとした営みを目に捉えることができるだろう。さまざまなひとの営みを眺めることは、なぜか楽しい。そんなことも世界共通かもしれない。

マイパブリックとグランドレベルの見方

フランス・パリ
まちのグランドレベルは、すべてお店

ノートルダム寺院からの眺め。まちなみから頭が見えるのは、歴史的な教会やエッフェル塔といった市民に愛されるシンボリックな建物たち。まちには、愛されうるアイコンとしての建築物が必要。視界に入ったときの"○○がある私のまち"という喜びは、シビックプライドの根底をつくる。

隣り合う建物は、同じ高さに、同じ街灯を取り付けるルールがあることがわかる。さらに、まちの灯りを暖色に統一されているだけで、まち全体のトータルイメージづくりが叶えられている。

1階は延々と店舗が連なる。豊かなグランドレベルなくして豊かなまちはないという原則を理解し、1階を店舗にするだけではなく、そのデザインにまで厳しく具体的なルールを課す都市は世界に多く存在する。日本は？

誰もが気軽にアクセス可能な水辺空間が、行き止まりなく川沿いにずっと続いている。まちでちょっと佇みたくなったとき、すぐに受け入れてくれる場所があることもまた、まちの豊かさだ。

目に入るすべての樹木がいきいきと生い茂っている。日本で多く見られる、なんだか可哀想になってしまうくらい小さく元気のない植栽は、ひとつもない。

PHOTO_PEDRO LASTRA

マイパブリックとグランドレベルの見方

05 デンマーク・コペンハーゲン
人をアフォードする歩道上の3つのレーン

大きめの石畳と小さめのブロックでつくられているコペンハーゲンのstore kongensgadet通りの歩道。3つのレーンをつくり、真ん中を通路とし、その両サイドを歩道に面する店舗の能動性に委ねる手法は、世界のグランドレベル先進都市で多く見られる。まちに溶け込んだラインに、人々が自然とアフォードされるかを、都市のつくり手が理解していることがわかる。

車道側のレーンは、看板やゴミ箱、自転車置き場などとして使われている。車道側への段差は低く、隣の車道は路駐可能。無駄なプランターや植栽などは、潔くなくしているので、不思議と狭さを感じない。車道、歩道、1階店舗が一体的に考えられている。

自然と中央のレーンは歩行空間に。ストリートの両サイド、建物の1階はほとんどが店舗。メインの観光エリアではないが、レストラン、カフェ、日曜大工屋、アンティーク家具屋、インテリアショップ、雑貨屋などが、次々と現れてくる。

小さなブロック3つ分、50センチもあれば、ひとは不自由なく活動できる。コペンハーゲン市はテラス席の存在を推奨し、戦略的に観光アピールに利用してきた。

PHOTO_GROUND LEVEL INC.

マイパブリックとグランドレベルの見方

デンマーク・コペンハーゲン
抜けがあるから、冬の水辺も心地よい

両サイドに池を見ながら対岸へと渡る橋。そのエッジにも手摺は設けない。どこからでも池に対して、すぐにアクセスできる。

池を囲むように設けられた歩道には、手摺はあえて設けず、親水性を高めている。冬場の池は完全に凍っていて、場所によってはスケートを楽しむこともできる。

池の周りの街灯はあえて背丈よりも低くなっており、風景をゴチャつかせない、バランスのとれたデザインとなっている。さりげなさで足元を照らす。

等間隔に設置されたベンチは、散策する人々を常に受け入れる。池をぐるっと囲うように設置されているので、どこに座るかで、見える風景は全て異なる。ゴミ箱と一緒に設置されていることもポイント。

生け垣は何のためにあるのか、その目的や機能を考える。ここでは、向こう側にいる人の様子や風景がうかがえる高さ、密度になっている。見えることで、向こう側へと人の意識が誘導される。

⑧

PHOTO_GROUND LEVEL INC.

まえがき

　ある日うっかり建築の作品集を開いた瞬間、稲妻が走ったような衝撃を受けました。建築家と大工の違いも知らなかったわたしは、社会や時代、ひとや文化といった、あらゆる分野が総合的に紡ぎ上げられて、ひとつに昇華するという建築の総合性に、ひと目惚れしてしまったのでした。もっともっとたくさんのひとに建築の面白さを伝えたい、あの頃の自分にもわかるように伝えたい、そんな思いで建築関係の雑誌や本を企画したり執筆したりするようになりました。

　それから約10年、わたしはひょんなきっかけで、まちのなかでコーヒーを淹れて、道行く人々にふるまうようになりました。建築や都市が大好きなわたしにとって、まちは最高の居場所です。でもそこに佇んでいると、自分が本当に好きなのは、建築物や都市といった分野単体ではなく、建築や都市を構成している、より細かい要素も目に見えない背景も含めたすべてであり、それらがいきいきと能動的に躍動している瞬間であることに、気付いたのでした。同時に、建築や都市が、経済よりも学問よりもまず、ひとのためにある、と感じられるときというのは、建築や都市とひとが、公共的な関係を築くことに成功しているときであることが、わかってきました。公共とは施設でも制度でもなく、関係性なのだと。

　公共だのまちづくりだのというものは、最終的には「そうであって当たり前」になることが、ひとつの目標だと思います。そのくせ、手

間暇をかけたり意識を向けたりしていないと消えてしまう、儚い生き物のようでもあります。相手がひとであろうと、建物やまちであろうと、関係ができていく時間軸とは途方もなく長く、王道や近道やゴールもなく、いつも途中経過でしかありません。しかもその第一歩として確実にできることとは、小さくささやかなことでしかないはずです。

　行政や企業、さまざまな団体がいま、エリアマネジメントや公共空間の活用、プレイスメイキングといった活動に熱い視線を注いでいますが、そもそも公共やまちづくりとは、普通のひとの普通の生活そのもののサイズや質でできていなければ、根付かないはずです。個人のレベルで、普通のレベルでできることが、もっとまちに具現化できて、もっとまちを、自分自身を楽しむことができたら、どんなに素晴らしいだろう、と思っています。

　この本は、前半の「マイパブリック編」と後半の「グランドレベル編」で構成されています。前半ではマイパブリックという、ちょっと変わった概念と、その概念を具現化した活動について紹介します。そして後半では、マイパブリックのフィールドとしてまちのこと、グランドレベルについて書いています。

　マイパブリックのマインドやアイデア、視座を持った、個人や企業や行政が、まちのつくりかたや、そのための仕組みやルールのつくりかたについて、これまでとは違う、各々の個性溢れるアプローチで取り組める明日があることを、本書がほんの少しでもその背を押す役に立てたらと、強く願っています。

MY PUBLIC & GROUND LEVEL

マイパブリックとグランドレベル 目次

マイパブリックとグランドレベルの見方……2

まえがき……9

第1章
マイパブリックとは何か………20

1 マイパブリックとは何か──自家製公共のすすめ…………… 20
2 はじまりはデッドスペースに……………………………………… 23
3 ノンアルコールバー構想………………………………………… 26
4 バーカウンターができた！……………………………………… 28
5 「建築カクテル」を毒味させる…………………………………… 32
6 ふるまいには快楽があった……………………………………… 36
7 おかねを取らないから得られるもの…………………………… 38
8 そうだ、1階に引っ越そう………………………………………… 41
9 たとえ都市計画ができなくても………………………………… 43
10 野点以上、屋台未満……………………………………………… 46

第2章

趣味のパーソナル屋台……53

1 趣味の偉大性 ································· 53

2 「第三の趣味」 ······························· 55

3 期待しなくても良い関係 ················· 57

4 趣味と社会との交点 ······················ 59

5 都市のヴォイドにハマりたい ············· 61

6 居心地とはなにか ························· 63

7 カジュアルな社会貢献 ···················· 65

8 能動機会と受動機会 ······················ 66

9 「富の再分配」を誤読する ················ 69

10 与え合いを目指さない ··················· 70

11 マイパブリックを展開する ··············· 72

第3章

パーソナル屋台が「個人」のチカラを引き出す……74

1 わたしの「パーソナル屋台」 ················· 74

　　CASE 01 | 東中野駅脇の私道：想像を超えた自家製パブリック ···· 76

　　CASE 02 | 隅田川沿い汐入公園：誰をも受け入れる「リアルな公共」··· 78

　　CASE 03 | 大手町ビル群の公開空地：緊張感に満ちたオフィス街で··· 80

2 わたしなら、こんなパーソナル屋台 ········· 83

3 自分のパーソナル屋台を考える ··········· 84

4 400人のパーソナル屋台構想 ············· 89

5 「個人」だから面白い ······················ 91

第4章

第三の趣味・マイパブリックの仲間たち……96

1 ふるまい仲間との邂逅…………………………………………… 96

　マイパブリッカー01：加藤さんのカレーキャラバン（全国）……………… 97

　マイパブリッカー02：根岸さん家の灰皿（東京都千代田区）……………… 99

　マイパブリッカー03：水で絵を描く淳さん（東京都・上野公園）…………… 101

　マイパブリッカー04：通称レコードコンビニ（東京都中央区）…………… 103

　マイパブリッカー05：アスク・ア・パペット（アメリカ・ニューヨーク）……… 106

2「パブリックサーカス」公開空地に集まった

　　マイパブリッカーの奇跡………………………………………… 108

GROUND LEVEL 編

第5章

マイパブリックとグランドレベル……114

1「パブリック」とは、幸せの条件…………………………………… 114

2「まち」も「社会」も、「地面＝グランドレベル」……………………… 116

3 まちをマイパブリックにしてしまえ！ ⋯⋯⋯⋯⋯⋯⋯⋯⋯ 119

4 1階は「プライベート」と「パブリック」の交差点 ⋯⋯⋯⋯⋯ 122

5 人類とグランドレベルの関係 ⋯⋯⋯⋯⋯⋯⋯⋯⋯⋯⋯⋯⋯⋯ 125

6 グランドレベルで変わったイーストロンドン ⋯⋯⋯⋯⋯⋯⋯ 129

7 UAE. ドバイのコミュニティ装置 ⋯⋯⋯⋯⋯⋯⋯⋯⋯⋯⋯⋯ 132

8 「騎楼」でつながるまち 台湾・台北 ⋯⋯⋯⋯⋯⋯⋯⋯⋯⋯⋯ 135

9 グランドレベルが死ねば、まちは死ぬ ⋯⋯⋯⋯⋯⋯⋯⋯⋯⋯ 138

10 エリアの価値はグランドレベルにある ⋯⋯⋯⋯⋯⋯⋯⋯⋯⋯ 142

11 グランドレベルと社会問題との密接な関係 ⋯⋯⋯⋯⋯⋯⋯⋯ 144

12 グランドレベルと幸福度の関係 ⋯⋯⋯⋯⋯⋯⋯⋯⋯⋯⋯⋯⋯ 146

13 「禁止」のためのルールか、「自由」のためのルールか ⋯⋯⋯⋯⋯ 148

14 そのまちを変えるのはあなた ⋯⋯⋯⋯⋯⋯⋯⋯⋯⋯⋯⋯⋯⋯ 152

15 「まちづくり」という言葉のワナ ⋯⋯⋯⋯⋯⋯⋯⋯⋯⋯⋯⋯⋯ 155

16 過去が今をつくり、今が未来をつくる ⋯⋯⋯⋯⋯⋯⋯⋯⋯⋯ 156

17 今こそ日本の都市政策にも"1階づくり"を ⋯⋯⋯⋯⋯⋯⋯⋯ 158

18 グランドレベルの視点は世界標準 ⋯⋯⋯⋯⋯⋯⋯⋯⋯⋯⋯⋯ 160

19 大事なことは、すべてグランドレベルでやれ ⋯⋯⋯⋯⋯⋯⋯⋯ 167

20 効果的なグランドレベルをつくる3つの基本 ⋯⋯⋯⋯⋯⋯⋯ 169

21 グッドグランドレベルをみつけよう ⋯⋯⋯⋯⋯⋯⋯⋯⋯⋯⋯ 173

22 質の良い器であるために ⋯⋯⋯⋯⋯⋯⋯⋯⋯⋯⋯⋯⋯⋯⋯⋯ 174

第6章

グランドレベルにマイパブリックを！11のアイデア……177

[IDEA 01] ベンチを置く

ベンチが増えれば、すべてがアガる ……177

都市戦略として2000以上のベンチを置きまくる、

　ニューヨークの意外な理由……179

100年前、7000のベンチで変貌を遂げた

　セントピーターズバーグ……182

空港からはじまるコペンハーゲンのベンチ ……183

ベンチ後進国日本 ……185

JAPAN BENCH PROJECT始動！……191

[IDEA 02]「パブリックハウス」

戸建住宅に「住む」と「商う」の間をつくる ……193

家の垣根を取り払おう ……195

その名も「パブリックハウス」……197

人口は数でなく密度、頻度で考える ……198

[IDEA 03] タワーマンション

タワマンのリノベ時代、到来……200

もしも1階が駄菓子屋だったら ……202

[IDEA 04] 駐車場、遊休地

遊休地活用に私設公園（パーカナイズ）を！……205

市民でつくる都市型パーカナイズ ……206

[IDEA 05] 公園のリノベーション

公園の再生は、エッジから ……210

エッジリノベーションから変わった「ブライアント・パーク」…… 212

[IDEA 06] 公開空地のリノベーション

ビルの足元まわりはすべてひとの居場所に ……………………… 215

[IDEA 07] ルール・ヴィジョン

1階には、つくり方のルールを。 ……………………… 220

[IDEA 08] 屋台を出す

新しい屋台がまちに溢れるためには ……………………… 224

保健所に聞いてみた ……………………… 225

屋台は、エリア全体を元気づける存在 ……………………… 227

[IDEA 09] 新しい管理・マネジメント業

管理業は、クリエイティブ業であるべき ……………………… 230

住人が暮らしの目線で物件を案内する ……………………… 231

半年でテラスハウスのコミュニティを醸成させる ……………………… 234

[IDEA 10] 不動産業

オーナーとユーザーをつなげる1階専門不動産屋 ……………………… 236

[IDEA 11] 情報空間

あらゆるグランドレベルにマイパブリックの概念を ……………………… 238

あとがき……241

装釘 —— 藤田康平（Barber）

MY
PUBLIC
MY
PUBLIC
MY
PUBLIC

マイパブリック
編

(((MY PUBLIC)))

第1章

マイパブリックとは何か

1　マイパブリックとは何か──自家製公共のすすめ

　「マイパブリック」とは造語で、"自分で作る公共"のことである。よく、公共空間のよい活用のされ方として、欧米の事例が挙げられるが、そもそもそういった国や地域では、公共空間を管轄する行政が意識の高い民意をすくいとり、柔軟に対応する、成熟された関係ができていることを無視してはならない。行政と市民のそんな関係が、今の日本にはあるだろうか、これからの日本に期待できるだろうか。わたしはそうは思っていない。かといって、悲観もしていない。日本には日本のやり方があるはずだ。

　詳細は後述するが、わたしは公園とか公民館とか、「公」の字のつくものは、とりあえず全部、自分でやってみたいと思うようになった。今やわたしは、マイパブリックづくりの虜だからだ。パブリックの「パ」の字にも関心がなかったというのに。

　自分の時間やおかね、労力を使って、周囲のひとにひらかれた場をつくるということは、一昔前なら、異常に気前のいいひと、もしくはただの奇人だと思われただろう。しかし今なら、そしてこれからなら、違った捉え方をされる気がする。何でもかんでも、占有すればするほどしあわせになれるのではないかと信じられてきた世紀を超えて、コ

20　◎　マイパブリック編

ワーキングスペースやシェアハウスといった、共有するシステム、共感する価値観は、若い世代を中心に根付いてきており、この時流がそう簡単に覆るとは思えない。

　ところが、いわゆる既存の公共施設、公共空間、公共的インフラの現況は、どうだろう。道路や公園を私的に使用するためには、どういった許可をどこに申請すればよいか、どれほどのひとが把握しているだろうか。自分の住むエリアの公民館がどこにあって、そこで何ができるのか、どれほどのひとが理解しているだろうか。「まちづくり」という定義の曖昧な言葉が横行するなかで、公共的であるはずの「まち」とわたしたちとの関係は、どんどん希薄になってしまっているのではないだろうか。わたしたちに公共、また公共的であると感じられる場、そんなまちを取り戻すためには、誰が何を変えればよいのだろう。何から手を付けたらよいのだろう。

　路頭に迷うことはない。そもそも行政と市民の関係が成熟していない日本だからこそ、あればいいなと思う公共は、自分で勝手に作ればいいのだ。馬鹿げた考えに聞こえるかも知れない。けれど、わたしは自分で自家製公共づくりを実践して、また他のひとがつくる公共に触れて、これまで公共というものを一手に担うかのように思われていた行政がつくるそれより、自前でつくるもののほうがはるかに軽やかで柔軟で、そして今すぐにでもできるものであることを、思い知った。

　誰かにとっては公共になり得ても、別の誰かにとってはそうではないかもしれない、などということに臆してはいけない。たとえばボール投げも犬の散歩も禁止され、いまや呼吸すらしてはいけないと言い出されかねない公園の現在の姿ひとつとってみても、それらより自前の公共、自前の公園は、はるかに自由なのだ。利用者にとっても、何より、作り手である自分にとっても。

わたしがなぜ、こうして公共づくりを他人にも勧めるのかというと、もちろん楽しいからである。いい音楽を聴いて、思わず誰かに勧めたくなる。それと全く同じ心境だ。そしてまた音楽と同じで、いくら聴かされても全くよいと思えない場合もあるだろうし、逆に、勧められた側のほうがのめり込むことだって、あるだろう。わたしはこの概念、この楽しさが、全員にわかるものではなくてよいと思っている。音楽だって、プレイヤーとリスナーがいる一方、そのどちらにも属さないひともいる。別の音楽には、別のファンがついている。マイパブリックも同じで、いろんなひとが、いろんな毛色の公共をつくれば、そのぶん多様になるし、そのぶん、ひとは自分にフィットする公共に出会いやすくなったり、好きな公共を選べるようになったりする。

　公共が「みんなのもの」ひとつしかないことが、そもそも問題だったのではないだろうか。「みんなのもの」と自称してしまうから、クレーマーの苦情ひとつに過敏になって、それまでの愛すべき豊かないとなみを次々ととりやめて、個性もなにもない、つまらないものに落ち着く方向になってしまったのではないだろうか。

　個人が作る私設公共＝マイパブリックは、「みんなのもの」という責を負わない。作り手本人がよかれと思うものを、やれる範囲でやる。それをフィーリングの合うひとが使う。そうでないひとは別のマイパブリックを使ったり、あるいは自分でつくったりする。そんな在り方だって、あるのではないだろうか。それしかないし、それでいいのではないだろうか。

　公共なんて、まるで興味のなかったわたしが、なぜマイパブリックなどという造語をつくってまで、私設の公共づくりを楽しむようになったのか。ここからはその経緯について、書いていきたいと思う。

マイパブリック編

×「公共」とは
「与えられるもの」
「みんなのもの」

○自分自身が「公共」であり、
自分で「公共」はつくれる

2　はじまりはデッドスペースに

　mosakiの事務所を東京の清澄白河から神田の雑居ビルに引っ越したのは、2012年の春だった。

　mosakiというのはユニットの名前である。わたしは夫とふたりで、建築にまつわる企画や編集の仕事をしてきた。わたしたちは、建築が大好きだ。建築物や建築家や、建築物が建っているまちや、建築を使うひと、設計だけでなく、建築について考えたり行動したりすること、全部をひっくるめて「建築」だと思っている。建築という言葉の響きには、どこか難解で堅苦しいイメージがついてまわりがちだけれど、専門家だけでなく、より多くの人々に、そういう幅広い意味での「建築」がいかに楽しく、いかに自身の、ごく日常の問題であるか、ということを、押しつけではなく、自然なかたちで共有してもらいたくて、そのために自分たちができることを見つけては、仕事にしている。例えば建築や建築家についての記事を書いたり、ウェブページや冊子の企画編集をしたり、さまざまなイベントを開催したり、ちょっと変わっ

たところでは、「けんちく体操」というワークショップをしたり。何か
を伝えようとすればするほど、伝えるための手段は多岐にわたり、ひ
とことで業種や肩書きを名乗るのが、難しい状況になっている。

　最初は自宅マンションでのSOHOからはじめ、その後シェアオフィ
スに間借りしたり、小さな倉庫に入居したりしながら、ついに都心の
ボロビルに、事務所らしい一室を借りたのだ。

　わたしたちに、シェアオフィスやコワーキングスペースは向いてい
なかった。特にわたしは、自分のことより周りのひとへの気遣いに集
中してしまいがちだ。それに、ふたりの間で喧嘩になったとき、周囲
にまで険悪な雰囲気をもたらしてしまうようで申し訳なかったし、何
より取材や打ち合わせのため、事務所に行ったり行かなかったりとい
う日が続くと、もとい、仕事がなくて暇な日が続くと、なんだか周り
のひとに不審がられているような、なんとも肩身の狭い気持ちになっ
てしまうからだ。さらに、恥ずかしいことにふたりとも割とだらしな
い方なので、SOHOはもっと向いていなかった。何時に寝ても、何時
に起きてもいい生活。仕事の電話が鳴ると、その音で起こされたくせ
に、元々起きていたかのように取り繕いながら、パジャマのまま対応
していたのだ。編集事務所などに所属したことがなく、いきなり独立
して仕事をはじめてみたわたしたちには、最初の数年、本当に仕事が
なかった。自分たちのオフィスを借りるほどの稼ぎもないくらいに。

　やがて仕事が増えはじめ、心機一転するために、わたしたちはわた
したちなりのオフィスの在り方を考えた。小さくても構わない。だけ
ど、SOHOや近めのシェアオフィスに入居した経験から、職住至近の生
活に、身体が慣れてしまっていた。今さら、ラッシュ時の通勤電車に
押し込まれて、はるばる遠くまで通う気になんてなれない。ややもす
れば事務所に行くのが面倒くさくなって、元のパジャマSOHO生活に

マイパブリック編

逆戻りする怖れだってある。

　そんな事情からオフィス空間を探しはじめたが、どの貸事務所も、ふたりで仕事をするには広すぎたり、立派すぎたりするものばかりだった。そのうちのいずれも、金銭的に見合わなかった。オートロックにも自動ドアにも興味がない。借りる事務所には、最新設備や築年数なんかより、その空間を、自分たちらしさや自分たちなりの愛着でジャックできるような、一種の「親しみ」や「弱さ」を求めていた。一方で、心機一転は急いでしたかったため、そんなに呑気にかまえてもいられない。

　結局、千代田区内神田に建つ築50年ほどの小さなビルの４階に決めた。理想とした空間よりは広かったが、金銭的な条件に見合っていたこと、早く決めたかったことから、とりあえず落ち着いてみた、という感じだ。早速、机や椅子、本棚に書類などの雑多な荷物をいろいろ持ち込んでみたのだが、30平米という大きさは、やはりふたりで使うには広すぎた。入り口付近には何も置くものがなく、デッドスペースがぽっかりと空いた。

　しばしそのまま使ってみたけれど、わたしはだんだん事務所から足が遠のきはじめていた。自分の家からオフィスのある街まで、地下鉄を使えば20分、徒歩でも40分かからない程度の距離だったので、職住至近という点については、クリアしていた。でもなぜだろう、いつの間にかわたしは、事務所に行きたいと思えなくなっていた。危険な兆候だ。わたしは、自分をワクワクさせる必要に迫られていた。

　そんな頃にふと、思いついたことがあった。入り口付近のスペースに、バーカウンターがあったら、ステキじゃないかな。わたしは無意識のうちに、自分の事務所が自分で素敵だと思えるような工夫を、求めていたのかも知れない。きっと、時折打ち合わせに訪ねてくるゲス

第１章　マイパブリックとは何か　25

トにも、好感を与える景色になるはずだ。あとは、直感でしかなかった。なんとなく、カッコいい気がする。

　早速この妄想を夫に話したら、ものすごくイヤな顔をされた。「またはじまった」という顔だ。わたしはいつもこうして、夫にとっては全く想定外の話を直感だけで伝えてしまい、夫は論理性も合理性もない内容に、ただ驚くのだった。バーカウンターのときも、そうだった。仕事に必要なわけでも役に立つわけでもなく、そもそもわたしたちは下戸なのだ。バーカウンターなんか置いて、どうするっていうのだろう？　でもわたしの中ではすでに、引き返せないくらいに盛り上がっていた。そうだ、"のめないつ"。彼らのためのバーにしよう！

3　ノンアルコールバー構想

　"のめないつ"とは、わたしがたまに開催する飲み会「のめないと」に集まる、仲間のことを指す。仕事上、同業者や建築家に会う機会が多いが、この業界の中には、酒が呑めないひとが意外なくらいに多いことを知ったわたしは、呑めないひとだけを集めて飲み会を催してみた。何人もの下戸が一堂に会して、一緒に居酒屋に行く。そこでひたすらソフトドリンクを注文しながら、酒飲みが一緒にいるとできないくらい、遠慮なくいろんなものをたらふく食べてワイワイ楽しむ、酒のない飲み会だ。

　"のめないつ"の特徴について少し書いておくと、例えば、飲み会の開始時間には、すでにおなかが減っているのである。チャーハンやおにぎりなどの炭水化物は後回し、という飲んべえのルールは、ちょっとつらいときがある。そこで、のめないとでは会の最初から、フード

をたっぷりオーダーする。そして最後に、通常の飲み会ではなんとなく御法度のようになっている食後のスイーツを、"のめないつ"たちは嬉々として注文するのだ。勧められた手前、付き合いで、好きでもない酒を少々、なんてこともないので、身体的にも疲れないし、終始実に清々しい。酒が呑めない"のめないつ"にとって、実に理想の飲み会なのだ。そこには、呑めない人間の権利と自由がある。下戸にも人権を！

　一方で、わたしたち"のめないつ"は、実は酒飲みたちの空間に並々ならぬ憧れを抱いている。夜の都市は、酒が呑めないというだけで、入れない空間や、得られない体験ばかりだ。スナックってどうなっているのだろう。バーってどうなっているのだろう。仕事柄、空間体験には人一倍貪欲なわたしたちは、決して酒場を嫌悪しているわけではなく、単に呑めないから入店を遠慮しているだけなのだ。できることなら、行きつけの店なるものに颯爽と入っていって「マスター、いつもの」なんて一度は言ってみたいが、そもそもカウンターに座る機会もない。それは、のめないとでも度々、話題にのぼっていた。ああ、わたしたちがもしも酒飲みだったら、行動範囲も格段に向上するのに！

　そんな自分たちの願いを叶えるバーは、どうだろうか。居酒屋で、何も好きこのんでウーロン茶を注文しているわけではない。"のめないつ"だって選択肢が欲しいのだ。コーラにジンジャーエール、コーヒーから紅茶、中国茶、他にもいろんなノンアルコールドリンクを取りそろえて、"のめないつ"がこぞって大好きな、甘いものも用意して。そうして、彼らを迎え入れるノンアルコールバーを作ったら、楽しいんじゃないかな。断じてカフェではない。あくまで、あの憧れのバー空間であることが大事なのだ。わたしはこんな企画で夫を説得して、カウンターづくりの許可を勝ち取った。まだカウンターもないうちから、

ワクワクとした気持ちが昂ぶって、わたしはノンアルコールバーのメニュー表まで作りはじめた。一杯300円くらいで、おやつもたんまりついていたら、"のめないつ"の仲間だけじゃなく、きっとわたしたちと同じような下戸が、来てくれるのではないだろうか。300円に根拠はなかった。本業の片隅でやってみるだけ、という軽い気持ちでいたから、原価の計算もゲスト数の想定も、全くしていなかった。この頃のわたしは完全に、「お店屋さんごっこ」をしたい、子どものような気持ちでいた。

4　バーカウンターができた！

　夫がカウンター作りに許してくれた予算は、10万円だった。それが多いのか少ないのかもわからなかったけれど、とにかくわたしはインターネット上で、バーカウンターを探しはじめた。しかしすぐに行き詰まる。10万円で満足のいくバーカウンターなんて、どこにも売っていなかった。いろんなワードで検索をかけたけれど、家庭用の小ぶりでダサいものか、本格的にバーを開業するために作られた、予算も規模も大がかりなものの、どちらかしか見つけられなかった。事務所の片隅に、などというニッチなロケーションに対応したものなんて流通していない。自分で作ると言っても、DIYには自信がない。

　助けを求めるように、わたしたちは材木屋でも家具屋でもなく、IKEAに出かけた。自分たち次第でバーカウンターらしくできるような、融通の利く商品が見つけられるかも知れない、もしかしたらバーカウンター自体が商品化されているかも知れない、と期待を込めて。残念ながら、バーカウンターそのものはなかったが、それに近い形のも

のに出会うことができた。それは「作業台」だ。ガレージのある海外の家庭では需要があると思われる商品で、木製で重たくて、台は平均台のように長細く、おなかくらいの高さまである。店内を歩き回った結果、これが一番近い。カウンターに一番似ている。しかしあらかじめ見ておいた建築資料集成の図面によると、バーカウンターっていうのはだいたい高さが100〜110cmだそうで、この台では低すぎる。そこで、高さを出せる金具と、天板を1枚、台の上に取り付けて、帳尻を合わせることにした。よし、このセンでいこう。早速バーカウンターの材料になる作業台や金具、ついでにバーチェアもIKEAで調達した。天板は最適な厚みのものをネットで探して、作業台の大きさに合わせて切ってもらって購入。準備は万全だ。

　買い揃えたものを事務所の空きスペースに並べて、わたしはひとりでせっせと作業に取り組み、数時間もすればそこに、念願のバーカウ

事務所の片隅に作ったバーカウンター。席は3つだけ。

ンターが立ち上がっていた。

　殺風景だった事務所の片隅は、バーカウンターを置いたことからはじまって、お気に入りのポスターを飾ってみたり、雰囲気のいい照明器具を置いたりして、少しずつ、それらしくなっていった。ここで提供するために、全自動のコーヒーマシンも買い込んだ。ウン、いい感じだ。あとは、メニュー表通りの材料を用意すればいい。

　ところがここで、頓挫した。ノンアルコールバーというコンセプトには、なんとなく勝算を感じてはいたものの、一体ここから、どうすればいいのだろう。とりあえず"のめないつ"たちに知らせるとして、問題はその後だ。営業時間は？　わたしは毎日、カウンターに立ち続けるのか。本業もあるのに？　それに看板もない４階の事務所で、知人以外の誰が訪れるというのだろう。ならば看板を出す？　すると、事務所として使う契約でこの物件を借りたわけだから、大家さんに飲食業の許可をもらわなくてはならないのではないか。当然、断られる可能性も高い。そもそも、営業許可ってどうするのだろう。保健所への届け出は？　衛生管理士の資格は？　他に、誰に何と言えば、許してもらえるのだろうか。

　ささやかでも、どんなに安くしたつもりでも、原価だけでも、たとえ1円でも営業になる。おかねをもらって飲食物を提供するって、そういうことだったのか。ノンアルコールバーは、現実的な課題がみえてくればくるほど、現実味がなくなっていった。

　だからといって、わたしは黙っていられなかった。本当は、バーカウンターの周りだけでも壁紙を貼り替えたり、照明を変えたり、棚を設えたり、もっともっと雰囲気を作り込んでいく妄想を膨らませていたが、それよりとにかく、生まれて初めて持った自分のバーカウンターを見せびらかしたくて、完成するや否や、下戸にも酒飲みにも、一度見

30　　マイパブリック編

に来て、と言いふらしていた。そもそも、飲食業をはじめたくてバーカウンターを作ったわけではない。どう使うかは改めて考えるとして、とりあえず、みんなに見てもらおうと思った。

　ほどなく、ひとりの知人が早速訪ねてくれて、お祝いにと、自分が使っていたシェーカーを譲ってくれた。下戸のわたしにとっては遠い存在の、カッコいいアイテムだった。シェーカーを使ってノンアルコールカクテルを出すのも、いいなあ。夢はムクムクと膨らんだ。そうだ、建築物からノンアルコールカクテルをつくるっていうのは、どうかな。難しい話を抜きにして、建築のことを、楽しく話すきっかけになるのではないだろうか。

　しかし、そんな思いもすぐ壁にぶち当たった。ノンアルコールという縛りが案外、つらいのだ。ノンアルコールカクテルの材料となるようなドリンク類やフルーツは、一度手を付けると足が速い。滅多にお客さんが来ないことを前提にしていると、提供できるものは限られてしまう。つまり、バリエーションの中から選択の楽しみを味わうという、普通のバーのような体験を、下戸たちにさせてあげられなくなってしまう。どうしたらいいのだろう。

　そんなとき、バーを見に来た別の知人から、もうひとつの贈り物を頂いた。お酒だった。バーカウンターがあっても、シェーカーがあっても、そしてお酒がいくら手元にあっても、呑める体質になれたわけではない。だけど呑めないながらも、この時から、なんとなくお酒をいじってみる、ということをはじめてみた。ノンアルコールで作ろうとしていた建築物のカクテルを、お酒で作りはじめたのだった。

第 1 章　マイパブリックとは何か　　31

5 「建築カクテル」を毒味させる

　建築物のカクテルを「建築カクテル」と名付けた。といっても、わたしの個人的な印象だけで勝手なカクテルを作っていては、ちっとも面白くない。そこで、建築家のバックグラウンドや、建築物が建っているロケーションなど、対象物のコンテクストからお酒を選ぶことを、建築カクテルの条件にした。例えば、大分県出身の建築家なら、大分の焼酎をベースに。イラク出身の建築家なら、国花であるバラの香りを一匙。もちろん、美味しく呑める仕上がりであるということも。

　ここまで書いてきたとおり、わたしは酒も呑めなければ、興味もない、ましてやカクテルのカの字も知らない。酒と酒を何かで割ったもの、くらいの認識しかない。だから、混ぜるだけで簡単にできると思っていた。早速、近場の酒屋でウイスキーやらリキュールやらを買い込んで、建築カクテルのレシピ開発をはじめた。

　ところが、試作物を自分で試飲してみては、あっという間に酩酊してしまう。これではなかなか、レシピ開発が進まない。そこで、バーに来てくれた友人に、試飲してもらうことにした。呑めもしない人間が、たどたどしい手つきで、でたらめに混ぜ合わせて、まともな試飲もできていない、度数もわからない謎の酒。試飲というより、毒味だった。

　ところが、建築を通じて知り合った、建築好きの知人たちの反応は、期待以上に真面目だった。

　「こんなの、磯崎新の味じゃないよ、甘すぎる」

　「うん、確かにザハ・ハディドの香りがする」

　事務所の片隅にこしらえたバーカウンターは、いつしか"mosaki

バー"と呼んでもらえるようになっていた。この頃ここを訪ねてくれた知人たちは、わたしが建築カクテル作りを試みていることも、怪しい試飲に付き合わされることも、わかっていた。わたしは自分がその時に作りたいものを作ったし、それに対してみんなは好きなことを言って、何杯も呑んで、建築の話も含めて盛り上がって、楽しんでくれた。

　そして終電間際まで盛り上がって、いざ席を立つと、彼らは揃ってこう言うのだった。

「お代は？」

　下戸から見たら、それは不思議な台詞だった。下戸は、料金が不明瞭なバーやスナックには行かないから、代金を訊ねるということが、ほとんどない。タダ酒という言葉がわざわざ存在する通り、酒は通常、タダではない、というのが酒飲みの中では、常識的な感覚のようだった。

「いや、いいよ」

「どうして」

「だって、毒味だったじゃない」

　代金を訊かれて初めてわたしは、お代を取るということは、お代を

考えはじめるととまらなかった。「建築カクテル」のレシピ考案ノート。

取る側の責任が問われることなのだと感じた。ろくにムードもない、何の変哲もない事務所の片隅で、お酒の飲めないズブの素人が作った、未完成の怪しいカクテル。これの試飲に付き合わせて代金をとるなんて、考えてもみなかった。そもそも、営業許可も何も持っていないのだ。万一おかねを取って、それがバレたら、きっとどこかから怒られる。
「本当にいいの？」
「うん、いいの。またおいで！」
　またおいで、って本当に素直に言えた。気持ちよかった。わたしはこの、相手にも自分にも負荷のない関係が、とても気に入った。相手も代金分の期待をしないし、わたしだって代金分の責任を負わない。それに、少しでもおかねを取っていたら、また来てわたしに儲けさせて

夜になると、いろんな友人が友人を連れて来てくれた。カクテルを介して建築話で盛りあがった。

ね、っていうニュアンスが残るような気がした。そんなことを相手が
たとえ気にしていなくても、自分の気持ちにそれを感じる気がした。

その後もいろんなひとが遊びに来てくれて、いろんなお酒を飲んで
行ってくれた。毒味をしてもらい、感想を反映させて、また誰かに飲
んでもらって。そうやって少しずつオリジナルレシピが完成し、自信
を持って出せるようになっていた。レシピは増えれば増えるほど、用
意しなくてはならないお酒も増えて、そのぶんを買って。かといって
酒に強くなるわけでもなければ、ましてや飲んべえになれるわけでも
ない。わたしは自分では飲まない、飲めないお酒を、どんどん買い増
していった。

だけど誰が来ても、おかねは取らないままでいた。正確には、よし、
今日からおかねを取ろう！というタイミングがなかったし、営業許可
もとっていなかった。場所が事務所用の貸部屋なので、営業許可なん
てそもそもとれなかったかも知れない。その辺のことを追求するのも、
仕入れ値や売り上げといったおかねの計算をするのも、とにかくわた
しにとってはわずらわしく、面倒くさいだけのものだった。そんなも
のは一切割愛して、心置きなく友人を招いて、好きなだけお酒をふる
まう。それは、自分が本当にしたいと思う、美味しいところだけを抽
出しているも同然だった。そのぶん、自分のおかねが出ていく、とい
うこと以外は。

いい加減にはじめたから、どこにいくら使ったか、なんて勘定もし
ていなかった。ただ、わたし自身が困らない程度のおかねを、ひたす
らそこにつぎ込んでいた。

わたしはおかねのためではなく自分の意思でひとをもてなしたかっ
たし、相手にも、余計な心配をして欲しくなかった。今日は誰かが来て
くれる、という予定が入るだけでワクワクした。カウンターを拭いて、

第1章　マイパブリックとは何か　35

炭酸水やら氷やら、おつまみやら切れたお酒やらを買い込んで、来客を待つ。この時間がまた、いい。

　こうして、事務所の片隅のカウンターは、ノンアルコールバーという業態でお店屋さんごっこをするつもりではじめたものが、実際はゲストがどんなに飲んでもおかねを取らない、不思議なバーへと変貌していったのだった。誰かを楽しみに待って、心置きなく飲んでもらって、その度に、気持ちよく「またね！」と見送って。そうしているうちに、わたしはだんだん、気付いてきた。酒を呑まずに、ふるまっているわたし自身が相当、楽しんでいる。

6　ふるまいには快楽があった

　誰かが訪ねてくれるたびに、わたしはこころから「またおいで！」と言って、そっと事務所の扉を閉める。見送った笑顔のまま振り向き、夫と顔を見合わせて、ニンマリ笑って喜んだ。まるでそのゲストから大儲けしたかのように。実際わたしは、大儲けした。おかねではない富を、わたしはお酒をタダでふるまうことで、得ている。もっと言うと、タダでなければ得られなかったものを、得ている。

　それはとめどなく、自由で充実した時間だ。大好きなコミュニケーションに集中し、それを心置きなく楽しむことができた。バーは誰かから「今日開いてる？」と連絡が来たら準備をするだけ。ゲストが来ても来なくても、お店のように毎日決まった時間に開けている、というわけではないが、本業もあるし、わたしと誰かの都合が合うときにだけ開ける、という気ままな具合もよかった。仕事などでどうしても外出している、という時以外は、休日だろうが家にいようが、連絡が来

たらすぐさま事務所に飛んでいって、ゲストを歓迎した。たまに昼間に来てくれる友人もいるけれど、だいたいみんな、仕事の終わる夜7時くらいから訪れて、そして必ずと言っていいほど、終電間際までいてくれた。

　それにしても、この快感は何だろう。最初の数回は、たどたどしい手つきでも、何とかひとをもてなせた、という意味での達成感だった。何事でも、はじめたばかりのことをうまくやれたら、うれしいものだ。だけど、何度やっても新鮮なままだし、何度やっても、やっぱりうれしい。

　そもそも、素人のくせに、ひとときバーの主になれること、そのこと自体がうれしい。バーの準備からして、ワクワクする。季節を感じさせる花を買ってきて、カウンターの片隅に生ける。どんなメニューにしようか、どんな設えにしようか、今日来るあのひととなら、こんなことも話せるんじゃないかな、などと考えながら。誰かをもてなすということは、こんなにもわくわくすることなのか、と思った。自前のバーは、あれこれ勝手に考えたことを、誰の文句も聞かずに実現できる、リアルままごとのステージだ。本来は、自分の家のリビングや自分の部屋も、自分の勝手を実現できる場だ。だけどなぜか、自分だけが見るもの、自分だけが使うものよりも、誰かと一緒であるもののほうが、その気になる。もちろんそうではなく、自分だけの世界にこそ、手間暇をかけられる人もいるだろう。どうも自分は前者、つまり他者が存在することによって、スイッチがオンになるタイプのようだ。

　そして何より、他者とのコミュニケーションが好きだから、バーを開けるのが楽しかった。本当はわたしはそこまで社交的なほうではないし、賑やかなパーティーで戸惑うこともある。バーだから楽しい、カウンターがあるから楽しいのだ。ひととの語らいは、どこでだってで

第1章　マイパブリックとは何か

きる。だけどカウンター越しに対峙するとなぜか、他にはない独特の、心地よい距離感が生まれる。

　カウンターに立ったことのあるひとなら、いや座っただけでも、よくわかるはずだ。直接向かい合うのではなく、たとえばテーブル越しに、窓越しに、カウンター越しに。ひととひととが向き合う狭間に何かがあるとき、その何かが、関係性に大きく影響する。わたしのバーはカウンターだけ見ると、バーという業態の店のような設えだが、実際は殺風景な事務所のデッドスペースだ。つまり店と事務所の間、パブリックとプライベートの間。そんな曖昧な場所である。ゲストにとっても、この曖昧さが、緊張がくれるワクワクした感じと、リラックスがくれる打ち解けた感じの、ちょうどいいバランスになるようだった。

7　おかねを取らないから得られるもの

　それもこれも"１円もおかねをもらわない"ということが、しみじみ効いている気がする。あれにいくらかかった、これにいくらかかった、だからいつまでにこのくらい売り上げたら、このくらいの期間で回収できる、ああ、あいつ原価の高い酒一杯で、ずいぶん長居してったな、ケチなんじゃないかな、それにしても今月は来客が少ないな、赤字だな……そんなことを考えていたら、やれ花を買おう、酒を買おう、なんて思えなかった。それぞれにいくらかかって、どれだけの費用対効果があるのか、考えながら行動することは、こうしたらもっと楽しくなるかな、素敵じゃないかな、という自分の衝動に、いちいちブレーキをかけるようにして、気を配らなければならなくなるからだ。わたしは、ささやかながらも、心地よい空間にしたい、誰かを喜ばせたい、

驚かせたい、という欲望のまま、思いつきのままにバーを彩っては、自分で満足していた。おかねのあるときは、ちょっと奮発して。ないときは、それなりに。それが許されるのは、おかねの計算が介在していなかったからに他ならない。

　おかねがどこにも介在していなかった、というわけではない。わたしは酒も花もカウンターも、全部普通に「買って」いる。ただ、その時々の自分に無理なく、楽しみと言ってしまえる範囲の出費をしているだけだ。もしも、もっと立派でなければならない、もっとカッコよく、もっともっと、と思っていたら、さすがに全部タダでふるまい続けるなんて、現実的じゃなかったと思う。逆に言えば、人様からおかねを頂くからには、もっと良くならなければならない、と自分に迫っていただろう。

　そりゃ当然、もっと早く、もっと良くしたい。もっとおかねがあればいい。特にわたしの仕事柄、友人知人には建築やデザインをよくわかっているひとが多く、つまりそういうひとがバーに来る確率が高く、そんな彼らへのアピールを考えると、ちょっと背伸びしてでも、がんばってセンス良く見せたい。それにはどうすればいいかも、わかっている。でも、そうではないマイペースというやり方をとった。そのきっかけは、単に計画性なくカウンターをこしらえて、飲食業に無知だったから、というだけだけれど、結果、このやり方がすごく気持ちよかった。もっとしてあげられることがあったかも、と後から気付くこともたくさんあったけれど、嫌な気持ちにならなかった。何の経験もなく、何も参照せず、思いつきと手探りではじめてしまった以上、すべてが完璧ではなくても仕方なかったし、またそういう勢いがないと、こんなことはやらなかったかもしれない。

　それに、おかねのやり取りをしないだけで、どんなに手慣れたとし

ても、堂々と素人でいられる。相手もわたしにプロの店員であること を求めないし、わたしも相手に、あらゆる意味で良い客であることを 求めない。お互いに、期待しない。そんな関係を築くことが、日常生 活では意外と難しい。家族だって友だちだって、結局自分にとってそ ういう関係である以上、つまりある関係を築いてきた過去がある以上、 多かれ少なかれ、期待の対象となってしまう。わたしはバーに立って いる間、相手の期待からも自分の期待からも、解放されていた。この 解放感は、味わわないとわからない。

　わたしだって、こんなことになるなんて、ついぞ期待もしていなかっ た。おかねで夢を買う、というひともいる。だけど、偶然にもわたし は逆に、おかねのやりとりをしなかったときに発見してしまったの だ、まるで夢のような現象を。試しにおかねのやりとりを一度やめて みれば、よくわかる。ものをやりとりする中で、おかねの姿を見ない。 たったそれだけのことで、こんなに解放感に溢れた気持ちになれるの か、ということが。おかねだけではない。労働なり交換物なり、相手 からの何らかの対価というものを、期待しなければ。

　わたしはだんだん気付いていった。待てよ？　もしかしたら今まで わたしは、ものやサービス、能力や労働のやりとりを、対価でもって 精算することに、あまりにも囚われすぎていたのではないだろうか？ 相手がそれを求めるなら素直に従うけれど、わたしから提供する場合、 つまりルールや主導権がわたし側にあることに関して言えば、わたし には元々、おかねを取らない自由だって、あったのだ。なのに、なぜ当 然のように、ほとんど自動的に、ほんの些細なことにさえ、提供した らおかねに換算しなくては、と思っていたのだろう。一体、誰が決め た天秤に乗っかっていたというのだろう？　別にいいじゃないか、対 価なんか、なくたって。

４０　　マイパブリック編

	有料	無料
行為	商売	振る舞い
対価	お金	無し （コミュニケーション？）
関係	ヒエラルキー	フラット

8　そうだ、1階に引っ越そう

　わたしはいつの間にか、あれほど足が遠のいていた事務所にも、頻繁に通うようになっていた。バーがあるだけで、後片付けや掃除をしたり、ゴミや洗い物を整理したり、結構雑用が多い。本当はそういったことが何より苦手だけれど、ここに誰かが来てくれる、といううれしさが、全てを楽しみに変えていた。仕事をするためだけの事務所が、誰かとかけがえのない時間を楽しむ場所にもなった。そのことが、事務所へと足を運ぶわたしの能動性を喚起した。仕事だけが待っている場所より、それ以外のアクティビティの可能性もある場所のほうが、居心地がいいに決まっている。別に仕事が嫌いなわけではないけれど、仕事しかないのは、つらくなる。今となっては、仕事だけをする場所では仕事ができない気がしている。そこに仕事以外の何か、他の誰かの存在がなくては、社会的な行いであるはずの仕事というものが、まるで社会と遮断されてしまっているように感じるからだ。カフェで仕事が捗るのって、もしかしたらそんな理由なのかもしれない。社会に参加している、社会と接続しているというちょっとした感触が、わた

しに一種の安心をくれる。

　バーカウンターをこしらえてからというもの、わたしは友人知人さまざまなひとに「事務所まで遊びにおいで」と気軽に声をかけていた。事務所の中に事務所の機能しかなかったら、そういうわけにはいかなかったかもしれない。打ち合わせスペースでお茶を出すくらいがせいぜいだ。そして相手も自分も、何らか仕事にまつわる用件がなければ、と思ってしまう。だけどバーが出来た途端に、そんなことからも解放された。近くに来たなら寄っていって、という言葉が、社交辞令ではなくなった。実際、仕事には全く関係のないひとが遊びに来てくれることもあるし、仕事の付き合いがあるひととも、仕事の用件なしで会うこともある。そんな場所になっていった。

　さまざまなひとが出入りしてくれるようになった頃、わたしは事務所の場所を移転させたくなっていた。エレベーターのない４階まであがるのは、自分自身にとってもハードルだったし、それ以上に、いくらバーでふるまうにしても、ゲストを階段で４階まで上らせるのは、少し気が引けた。

東京は千代田区神田司町の、細い路地に面する物件に事務所を移転した。裏路地にもかかわらず、多くのサラリーマンやOLたちが行き交う。シャッターのグラフィックはフランス人デザイナー、ダミアン・プーレインさんに描いていただいた。彼は世界中のシャッターに、顔のグラフィックを描いている。

マイパブリック編

いい物件ないかなあ、と改めて見慣れた街を見直してみると、まず目に飛び込んでくるのは１階だった。飲食店や物販が入っているか、もしくは搬出入しやすいせいか、倉庫にしている物件も多い。事務所やクリニックなどの利用もあるが、そのほとんどが内部を外に見せないように、目張りしてある。こんなに１階が、まちに対して閉じた使われ方をしているようだと、まちの風景として、なんだか楽しくないと思った。けしからん、１階に入っているテナントは、もっとまちの風景が豊かになるべく、貢献できる存在なのに！　その瞬間、はっとした。ならば、そんなことを考えている自分がまず、１階に引っ越そう。まちに貢献できる存在となれるようなかたちで。

　１階に移れば、ゲストにももっともっと気軽に、声をかけることが出来る。それだけではない、自分がまだ知らないまちの人々とも、コミュニケーションできる機会が、増えるのではないだろうか。それこそが、仕事だけではない仕事場、社会に接続する仕事場として、ふさわしい気がした。よし、路面に事務所を構えよう。

9　たとえ都市計画ができなくても

　しかし都心の１階は、とにかく家賃が高い。貸物件として見つけられるものの多くが、飲食店の居抜きで、家賃も飲食店の入居を想定した相場になっていた。飲食ではなく事務所として探してみると、今度は全くまちに対して開いておらず、エントランスホールやピロティ、セキュリティなど、数々のフィルターをくぐらないと到着しないものばかりだ。こちらの希望としては、道路に面し、まちの風景になれるような物件であれば、あとは簡素な箱でいい。ネットで検索しても、な

第１章　マイパブリックとは何か　43

かなか見つけられない。わたしは事務所の帰り道、路面の物件を見つけては、片っ端から管理している不動産屋に電話をかけてまわった。

　路面で、まちにひらいた設えの事務所を持ちたい。来てくれるゲストにとって、より訪れやすい環境にするために。それはつまり、すっかりわたしの楽しみとなった、ふるまいをしやすくするためでもある。そして自分もおっくうにならないように。さらに、まちの風景を、少しでも豊かにするために。そんなことを考えつつ、物件を探しながらまちを歩いていると、ふと思うことがあった。

　ああ、わたしのバーにタイヤがついていたら。そうしたら、まちの中でも人通りがあって、かつ歩行の邪魔にならないような場所を見つけて、そこでふるまえるのに。そうしたら、ふるまっているひととき、まちの風景も、街ゆく人々のふるまいも確実に変わる。それって、ひとときのまちづくりかも。つまりひととき、世界を変えるということだ。わたしはこうして、都市と自分の関係について、考えるようになっていた。

　もともと建築や都市について考えることが好きで、その好きなことに関わる仕事を頂けていることは、専門教育を受けていないわたしにとって、本当に幸運だ。だけど、いくらこの世界に関われたとしても、建築家でも都市計画家でもない自分は一生涯、建築や都市の「実線」を、たった一本も引くことができない。建築やまちが大好きだと言いつつ、建築物や都市計画に参画する術も資格も、まるで持っていない。建物やまち、それらについてどんなに言及したとしたって、自分で作り出すことは、一生、何ひとつできないのだ。当たり前のことだけれど、絶望だった。知識も技術もないけれど、少しでも、実物に関わることができたら。

　デザイナーや建築士ではないから、建築づくりに関われるとしたら、

マイパブリック編

せいぜいがんばって、いつかまとまったおかねができたとき、自分が
オーナーになって家か何かを建てる、つまり施主にでもなれるくらい
じゃないか。ましてや、まちづくり、都市計画となったとき、自分に
何ができるというのだろう。まちに関わりたいと思ったとき、一個人
に何ができるだろうか？　家の前に植わった木一本を動かすことにつ
いてすら、どこで、誰と話せば実現する運びとなるのか、全くわかっ
ていないというのに。

　たとえそのまちの住民であったとしても、行使できる権利は限られ
ているし、そもそもどんな権利を持っているか、ほとんど自覚してい
ない。都議会や区議会に意見書を提出すればいいのだろうか？　それ
とも町内会やNPOみたいなものに参加する？　いやいや、まずはまち
づくりに関するワークショップだろうか？　なんだか、どれもイマイ
チ。政治的な手続きは面倒だし、年功序列の組織に入るのも気が向か
ないし、曖昧なことをして、やった気分だけ手に入れる、なんていう
のもイヤだ。それより直にまちに触れるような、リアリティのある手
応えが欲しい。わたし個人で、ダイレクトに、まちにコミットしたい
のだ。

　そもそも、自分のまち、と言うとき、一体どこのことを指すのだろ
うか？　住んでいる市や区の範囲内？　それとも住んでいる家の半径
３キロくらい？　だいたい、仕事のために滞在するまちと、生活をし
ているまち、果たしてどちらに長い時間、身を置いているだろうか？
仕事や生活で縁がなくても、ここが好きだなあ、と思えるまちがある
としたら、そこはそこで関わりを持ったり、大切にしたりしたい。

　そう考えを巡らせていくと、個人がまちに関わろうとしたとき、既
存の組織には、頼れない気がしてきた。既存の枠組みの中に留まって
動こうとすること自体が、息苦しく感じられるからだ。自分のまちと

いう言葉の意味は、もっともっと自由だと思ったし、その自由は、既存の組織どころか、他の誰とも、共有できない気がしたからだ。

　まちに変革を起こすには、つまり世界を変えるには、何が必要なのだろう。

　大きな組織じゃなくてもいい。既存の権力も要らない。仲間も要らない。自分で、ひとりでできる、都市計画。ちいさくても、たった一瞬でもいい。ちゃんとまちが、都市が、つまり世界が、目に見えるかたちで、変わるということ。まちをすてきに変えるアクション。それは一体、どんなことだろうか。

　1階に事務所を移したくてまちを観察しているうちに、いろんな思いがモヤモヤと渦巻いて、わたしはだんだんじれったくなってきた。1階にいい物件を見つけること、まちに対して何らかのアクションをしたい思い……いろんな意味で、もう、待つことに限界が来ていたのだ。一刻も早くまちに出て、一刻も早く世界を変えたくて、ウズウズしていた。早まる気持ちを抑えながら、わたしは夫に言った。

　「ねえわたし、屋台が欲しい」

　そこから、実際にそれらしき装置を手に入れるまでには、途方もなく長い日々が待っていた。

10　野点以上、屋台未満

　「何を言い出すのかと思ったら……」

　ちょうどバーをつくりたいと言ったときと全く同じように、夫は忌々しそうな、めんどくさそうな顔をした。

　「それ、ひいて歩くつもり？」

ひいて歩く。そうか。その言葉は発見的だった。わたしが求めている
るものは、正確には屋台ではなかったのだ。と言うか、屋台と呼ばれ
ているものについてのイメージがまずかった。まず、飲食業を連想す
る。そして、おでんかラーメンを連想する。赤提灯がついていて、リ
ヤカーを改造したもので、それをひいて歩く……。

　「違う違う、それじゃない」

　わたしは慌てて、夫の頭の中に浮かんでいるであろうイメージを払
拭しようとした。

　「ごめん、屋台っていう言葉に語弊があると思う。リヤカーみたいの
じゃなくて、もっとこう、スーツケースみたいなやつ」

　「スーツケース？」

　わたしが言いたかったことは、スーツケースのような形状というよ
りも、スーツケース程度の規模であるということだったが、それにして
も自分で言いながら、なんて具体性がないのだろうと思った。そんな
ものは、誰だって、わたしだって、まるで見たことがない。だけどわ
たしは、その見たこともない正体不明の何かに、すっかり夢中になっ
ていた。

　「よくわかんないけど、つまりその屋台で、何がやりたいの」

　「いつものようにバーをやりたいんだよね、ほんとは。お客さんだけ
でなく、まちの中で、いろんなひとにふるまいたいの。だけどまちの
中でお酒をふるまうと、誰かに怒られるかも知れないから、そうだな、
コーヒーでも淹れようかな」

　コーヒーになんてまるで興味はなかったが、屋台を持つ口実として、
口をついて出てきたのが、たまたまコーヒーだった。

　「とりあえず、まちでコーヒーを淹れられればいいんだね」

　「そうそう」

第1章　マイパブリックとは何か　47

「それなら、スーツケースみたいな屋台は、可能かも知れないね」

「そうでしょ？　軽くて、さっと持ち歩けて、すっと組み立てられるやつ。そんなの、売ってないかなあ」

「ないね」

ならば、とわたしたちはまたしてもIKEAに向かった。何だかよくわからない何かを、手探りしようと思った。つまりIKEAの既製品を組み合わせて、イメージに近いものを、作ってみようと思ったのだ。目的の商品は何も決まっていなかったが、しかし、何かと何かを組み合わせれば、何かができるんじゃないか。バーを作ったときのように。要は、そのための材料を見繕いに行ったのだ。材料以上、完成品以下の何かを扱う店は、わたしの知る限り、IKEAしかない。

とりあえず、持ち運びが出来る、コーヒーを淹れるための台が欲しい。アイロン台はどうだろう。いやいや物干しは？　組み立て式の収納は？　店内をウロウロしては、これなら持ち運べるのではないか、これなら安定するのではないか、と手にとってみるが、軽いものはコーヒーを淹れられるほどの安定性がないし、安定するものはだいたい重い。モビリティが高く安定感のある「何か」は、なかなか見つからなかった。何しろ、何かを持ち出して、野外でコーヒーを淹れるなどということが、わたしには初めての経験だから、最低限どのくらいの広さの面積が必要なのか、どのくらいの高さが適切なのか、だいたいの体感くらいしか参考になるものがなかった。今思えば、この時もまた、なんという計画性のなさだろうか。逆に言えばやはり、計画性がないからできたのだと思う。

実際、計画性なく出費しても許される金額に収まった。

いろんな商品を縦にしたり横にしたりで、やっとこれかな、と思えたものは、はしごのようなかたちをした、バスタオル掛けだった。腰

高ほどで、土台にぴったりだ。ひとつ、1500円。これをふたつ買う。その上にトレイを乗せてみる。ひとつ、800円。うんうん、高さも広さも安定感も、いい感じ。重さも許容範囲だ。そして、持ち運び用のトロリーと付属のバッグもゲット。あとは手持ちの電気ケトルに、コーヒー豆や道具、カップなど、淹れて提供することができるセットを最低限、持てばいい。そうそう、こういう規模感なんだ。野点やピクニックよりもアイレベルに近いから、決まったコミュニティだけではなく、より多くのひとに立ち寄ってもらえる。そのうえ気軽に持ち歩くことのできる、屋台未満の規模のもの。野点以上、屋台未満なんだ。

　たった3800円で、街に出る口実ができた。それらしきものを構えることで、歩行者のなかのひとりであった自分が、立ち止まり、角度を斜めにふって、歩行者たちの歩みを眺める、歩行者以外の何者かになることが、許される。わたしは、この魔法のツールの虜になってしまった。

　だがしかし、3800円でこしらえた即席屋台は、結果から言えば、大失敗だった。腰高にトレイを固定して、そこでコーヒーを淹れる。それだけでは、誰が何をやっているのか、端から見るとあまりにわからなさ過ぎて、誰も近寄ってくれなかった。ふるまっているどころか、何か作業をしているひとのように見えたかも知れない。誰から見ても「自分には関係のないひと」にしか、見えなかったかも知れない。街の中

IKEAの製品だけを組み合わせてつくった即席屋台。

第1章　マイパブリックとは何か　49

に、バスタオル掛けとトレイ。改めて客観的に見てみると、ただそれだけでは、都市の風景の中に埋没してしまっていた。簡単に言うと、目立たない。

自分の即席屋台の頼りなさに失笑すると同時に、街の中で自分がやりたいような出で立ちを、観察するようになった。そのうち好例だったのが、昔ながらのタバコ屋だった。あれは、あんなに小さくてもなぜ、街ゆく人々に、そこにある機能を認識してもらえるのだろうか。そうだ、わたしは移動式の、タバコ屋みたいなものが欲しい。それは、ひょっこり上半身だけ出ているフレームであり、いかにもタバコ屋であると誰が見てもわかる記号的な設えだった。そして何より、個人で所有するのだから、コンパクトであること。軽くて小さくて、気が向いたら、ふらりとふるまいに出かけられるような、そんな、見たこともないようなもの。

既存のたばこ屋がひとを自然と引きつけるのは、人物が小さなフレームに切り取られていることが大きく影響していることがわかった。(photo=Hiroshi Ishii)

やはり、野点以上屋台未満なのだ。物理的な規模という意味でも、そう言うほかない。野点より設備的で、これまでの屋台ほど仰々しくもないもの。そして、関われる人間の数的な規模としても、野点やピクニックほど少人数ではなく、既知のコミュニティだけではなく、知っているひとに

50 　**マイパブリック編**

野点く ❓ く屋台

も知らないひとにも、等しく開かれるもの。おそらく既存の屋台とはまた違った存在になるだろう。うん、これはやっぱり、野点以上屋台未満だ。

　欲しい何かが野点以上屋台未満という表現でより具体的になるとともに、わたしは周りの人々に、こんなものが欲しい、どこかで作ってくれないかな、と話しはじめた。すると、友人の建築家、ツバメアーキテクツの山道拓人さんが、自ら名乗り出てくれた。それ、僕に設計させてください！

　それから毎月のように山道さんとの打合せが続いた。打合せといっても、そのほとんどは、まちでふるまう意義についてと、"野点以上屋台未満の何か"って何？という議論だった。見たことのない「それ」に辿り着くためには、とにかく会話を重ねるしかなかった。私は話し、彼は設計で打ち返してくる。その繰り返しだ。

　最初はどこかで見たことがあるような屋台っぽいかたちからスタートしたが、「持ち運びできる小ささ」と「ランドスケープにまで広がる大きさ」という矛盾したリクエストに応えるために、山道さんはある時ついに、箱から箱が出てくるマトリョーシカの形式を手繰り寄せてくれた。ここから具体案が、どんどん進んでいったのだ。

　このプロジェクトの間、どんなことを考えていたの？と山道さんに

第1章　マイパブリックとは何か　　51

訊いたら「元子さんの人生について考えていました」と言う。「だからこのプロジェクトに完成はありません。途中で飽きても、廃棄できないように頑丈に作りました。離れてもまた戻るのが人生だから」。ビックリした。私の飽きっぽさを見越した上で、アンチ資本主義運動でもボランティアでもない、ただまちのなかで、楽しみとして不特定多数のひとにふるまうという、あまり聞き慣れないへんてこな行いを、山道さんは全面的に応援してくれていたのだった。もしかしたら私より先に、この行いがたくさんのことを与えてくれるものであることを、山道さんはすでにわかっていたのかもしれない。引き渡しの日、山道さんは開口一番、こう言った。「よかったですね。これで一生、やれますよ！」

　ある打合せの日に山道さんが、同じ時期にはじまった数千平米のプロジェクトはもうとっくに竣工しましたよ、と言って、皆で笑ったことがあった。展開前の最小面積はわずか0.35平米、展開して好きなようにまちにレイアウトできる、その最大面積は無限大。「野点以上屋台未満の何か」は9ヵ月という時間をかけて2015年8月、ついに完成したのだった。

(((MY PUBLIC)))

第**2**章
趣味のパーソナル屋台

1　趣味の偉大性

　こうしてわたしは自分の屋台を手に入れてからというもの、機会を得ては、屋台を携えてまちのさまざまな場所に出て、見知らぬ通行人に声をかけ、不特定多数の人々にコーヒーをふるまうようになっていった。その詳細は３章に書くとして、ここでは、そのふるまうための屋台を持ってから気付いたこと、考えさせられたことを書こうと思う。

　バーカウンターで友人にお酒をふるまったことがきっかけで、まち

2015年の秋、東京都荒川区は汐入公園でのふるまいコーヒーの様子。子どもたちにはミロをふるまった。

でふるまいたい、と言いだし、ついには自前の屋台まで手に入れてし
まった。次はどこでふるまおうか、何を出そうか、どんな飾り付けにし
ようか。ふとした瞬間に、そんなことをあれこれ考えては、ニヤニヤと
うれしい気持になっている。他のことに使っていたおかねや時間を、
当然のように屋台活動に回してしまうし、そもそも設計してもらった
パーソナル屋台自体、結構なおかねをかけたものだ。そんな思い切っ
た買い物なんて、したことがなかった。気がつくとわたしはすっかり、
ふるまうことの虜になっていた。こんなに楽しいことって他にあるだ
ろうか。これまで映画、音楽、読書にファッション、どれもそれなり
に試して、それなりに好きになったけれど、こんなに夢中になってし
まう、中毒のような感覚は、初めてだった。40歳を目前にして、生ま
れて初めての感触に戸惑うくらいだった。ふるまう快感と同時に、何
事かにクレイジーになれるという快感もついてくるとは。そして、理
解した。ああ、これが趣味というものか。

　好きと趣味の境界は曖昧かもしれないが、もしそこに線引きがある
としたら、それは、どのくらい詳しいかとかどのくらい経験したかと
か、どのくらいの数を持っているか、といった量的なものではない。趣
味とは、本人のペースで、一番頭の中を支配している、夢中である物
事のこと、と言えるだろう。そして夢中なあまり、そのひとにとって
はなかなかの、思い切った買い物ができてしまえること、つまり他の
ことでなら思い切れないことも、これに関してはうっかり思い切れて
しまう、そのくらい好きなもののことではないだろうか。

　そして、無為であるということ。確かにわたしの場合、誰かにふる
まってはいるが、それはふるまう相手のためでもなければ、その相手
に好意的に思われようなどと作為的にしているわけでもない。もっと
もっと、動機はシンプルなのだ。ただ、好きだから、楽しいから、ま

たやりたくなってしまうのだ。

　そして、趣味の世界には、競争がない。もし競争があったとしても、その結果が、やめるとか続けるとかには関わらないことを、趣味と呼ぶのだと思う。たとえば釣りや盆栽といった比較的メジャーな趣味には、コンテストなり大会なり、何らか、他者と競争する舞台があったりする。しかしたとえそこでビリになったからといって、釣りを、盆栽を、やめてしまうだろうか。それはそれとして、やはり好きならば、趣味ならば、続けてしまうのではないだろうか。

　こうしたことに気付いたとき、今まで知らなかった、趣味というものの深さと可能性に、とても驚かされた。

　理屈抜きに、自分を幸せだ、楽しいと感じさせるためにする、能動的な行い。これを総じて、趣味と呼ぶのではないだろうか。

趣味＝自分をしあわせだ、楽しい、と感じさせるためにする、無為の能動的な行い

2 「第三の趣味」

　ただでふるまうこと、これがわたしにとって初めての趣味であると感じはじめた頃、偶然にもわたしは、ある精神科医から、心理学者、アルフレッド・アドラーの本を勧められた。そこには、さらに驚くほどの啓示があった。

ご存知の方も多いと思うが、アドラーは、ひとが幸福を感じるための三原則を挙げている。

ひとつは、「自己容認」。ひとつは、「他者信頼」。ひとつは、「社会貢献」だ。この３つが揃って初めて、ひとは幸福と感じるのだという。

目から鱗が落ちるようだった。ひとが自分をしあわせにするために起こす行動こそが、趣味ではないか。わたしはアドラーの「幸福」という部分を、反射的に「趣味」へと置き換えた。すると、どうなるか。

A. アドラーの「幸福」三原則
人が幸せだと感じるのに必要な３つの要素
１．自分を好きである
２．他者が信頼できる
３．社会や世の中に貢献できる・役に立っている

ひとつ目は、自己を容認するための趣味。好きな服を着る、車をいじる、音楽を聴く、映画を観る。どれも、自分自身との付き合い方が、より楽しくなるための趣味、つまり自己をより容認できるようになる趣味だと思う。これを、第一の趣味と呼ぶことにする。

２つ目は、他者信頼のための趣味。これは交流に言い換えられるだろう。誰かと呑みに行ったり、仲間とバーベキューをしたり、友だちと旅に出てみたり。より深い交流の機会は、他者に自分が認められていること、自分が他者を認めていることに気付かせてくれる。つまり他者を信頼できるようになる趣味と言える。これを、第二の趣味と呼ぶことにする。

では、３つ目はどうなるだろう。自分が社会に対して何らか、貢献

マイパブリック編

的な存在であることを感じることができるような趣味とは、何だろうか。この時わたしは、はっきりとわかった。これまで自分が趣味を持てなかった大きな理由のひとつは、社会との接点を見いだせなかったからだ。わたしは趣味以前に、社会に興味があるのだ。でも今はもう、違う。自分の、ふるまうという趣味は、これまでわたしが趣味になり得ると思っていたいくつかの行動、たとえば読書や登山や美術鑑賞といったことと、決定的に違う。なぜなら、自分だけでは成り立たず、また家族や友だちといった小さなコミュニティだけでも成り立たず、全くの別人、全くの第三者を巻き込むかたちとなっているからだ。自分が好きでやることと、社会との交点。そう、たとえば、まちで誰かにふるまうこと。これこそが、第三の趣味だ。

田中元子の「趣味」三原則
人が幸せだと感じるのに必要な３つの要素
１．自分を満たす趣味
２．他者と楽しむ、交流する趣味
３．<u>社会や世の中に貢献できる・役に立てる趣味</u>
　　<u>→ 第三の趣味</u>

3　期待しなくても良い関係

　第三者が絡む第三の趣味が、なぜこれまで趣味を持たなかったわたしを、そこまで虜にしたのだろう。その理由のひとつは、第三者とは期待しないで済む存在だからだと思う。

　自分自身、あるいは身近な関係である他者のことは、少しはわかって

いる。わかってしまっているからこそ、そのぶん期待してしまう。例えば、何かを渡したら「ありがとう」と言ってくれるだろう、そのくらいの常識はあるだろう、というように。

ところが、わたしが自分の屋台に立ち続けてわかったことだが、第三者には、そんなことを考えない。誰がどんなこころづもりで来るかもわからないし、ひとりひとりが、どんなひとかもわからない。だから毎回「ありがとう」と言われるたびに、新鮮な、驚きのようなよろこびがある。こちらこそ！と言いたくなる。そして、お礼を言われなくても、怒る気にならない。社会というのは、広いのだ。第三者というのは、想像を絶するほどに多様なのだ。だから、こんなひともいるものだ。そんな発見的な気分で、片付いてしまう。

期待しなくていいのは、ひとにだけではない。ただ気まぐれにふるまっているのだから、儲けなんてものには、まるで期待しなくていい。意外と人気になってしまって、ひっきりなしにコーヒーを淹れるのも、なんだかうれしい。逆に、何時間か人通りを待ちぼうけして、ほんの２、３人にしかふるまえなかったとしても、それはそれで、ひとりひとりとじっくり話す時間が持てたり、今度からああしようこうしよう、と作戦を立てるネタが出来たりと、充実感には事欠かない。

あまり期待という言葉を嫌いたくないけれど、もしかしたら、世の争いごとやガッカリする気持ちの元というのは、だいたい、してはいけないほどに期待してしまった結果なのではないか、とすら思う。ワクワクした気持ちはモチベーションになるけれど、具体的な期待は、自分や相手の可能性を否定しかねない。第三の趣味は、何が起きるか、誰が来るかわからない、予測不可能な状況に自分を置くことができる。だから些細なことにさえ新鮮な気持ちになれるし、敗北も失敗もない、やればやるだけ、ただ楽しい気持ちでいられるのだ。

4　趣味と社会との交点

　趣味と社会との交点を直接的に探すとしたら、それはただ自分の好きなことを、外に出てやればいいだけだ。ただし、いきなり道ばたで突っ立って編み物をしていても、交点には届かないどころか、不審者だと思われるに違いない。もちろん、不審者ではありません！誰か、声をかけて！と叫び続けても、やはり不審者は不審者だ。

　そこで、たとえばパーソナルな屋台装置でもって、自分をフレーミングする。これだけで、ただ突っ立って編み物をしている不審者から、ニット屋台という新しい屋台が誕生することになる。屋台という記号は、第三の趣味をまちの中で行うとき、大きな武器になる。人々は既存の屋台のかたちを、すでに「自分が近寄ってみてもよい何か」であるという記号として捉えている。その既存の記号性を利用すればいいのだ。コミュニケーションを試みてもよい、と人々に認識してもらえることで、自分と社会がダイレクトに接続される。屋台屋台と言っても、別に飲食でなくても構わないのだ。家の中でこもってしていたような、好きなこと、やりたいことを、外でやる。それだけで、多くのものを、多くのひとに、与えることになる。

　そもそも、誰かに何かを与えるということ自体が、とても簡単なことなのだ。そこに存在するだけで、そこに何者かがいる、という気配や視覚情報を、記憶や印象を与えることになる。与えているものは、すでに膨大だ。逆に、どんなに与えたいという気構えを持っていても、そこに存在しなければ与えられないのだ。だからまず、そこにいる、ということが大事になってくる。

第2章　趣味のパーソナル屋台　　59

存在するだけで与えてしまうわけだから、できれば何をどう与えるか、という部分だけでも、自分でコントロールしたい。まちの中で編み物をする不審者がいる、という認識ではなく、何か屋台のようなものが出ているな、という認識にコントロールする。第三者でも近づきやすいようにデザインし、設える。このような言葉以外の言語を駆使することで、自分と社会の交点に近づくことができる。

　そのころから、わたしは個人が所有する屋台のことを自然と「パーソナル屋台」と呼びはじめていた。趣味のパーソナル屋台では、ごくごく日常的なことをするのがいい。街づくりのため、誰かのため、といって、自分が日頃しないようなことを、自分が日頃会わないような人々のためになんて、しなくていい。そんなことより、まず自分が好きなこと、自分がやっていて自然であることをする。そうでなければ続かないし、そうでなければ能動的でもなく楽しくもない。誰にでもできることで構わない。むしろそういうことがいい。たとえば読書という趣味を持つひとは数多いるだろうが、全く同じ本だけを読み、全く同じ感想を持つ、などというコピーのような人間が、他にいるだろうか。ありきたりな趣味だからといって、引け目に感じることはない。あなたがした時点で、それはもう、あなたにしかできないことであるわけだから。

　そして、小さくてささやかなことでいい。経済的にも技術的にも、ハードルの高さは自分の身の丈だ。それを無理に超えなくていい。本来は公共という場でコミュニケーションを図れたはずの組織と個人は、あまりに公共がゆがんでしまったために、国家とか、行政とかと結構な距離をもってしまった。現代のわたしたちはもはや、身近にある、ちいさくてささやかなことしか、信用していない気さえするのだ。

　　　6 ◎　マイパブリック編

5 都市のヴォイドにハマりたい

　そもそもなぜ、まちの中に出ることにこだわっているか。ひとつの理由は、わたしのとても個人的なもので、まずまちが好きだからである。冒頭でも書いたとおり、わたしは建築が好きで、建築物が建っているまちも好きで、そこで活動するひとも好きだ。自分の好きなまちに生きるひとは、まるごと好きである。そんな、大好きな場所で、大好きなことをしたい、大好きなひとたちに一声かけてみたい、という、至極主観的な欲望である。

　もうひとつの理由は、好きではあれど、まちは完全に完成された場所ではないからだ。

　公開空地と呼ばれる、高いビルの足下にあるオープンスペースをご存知だろうか。敷地の一部を一般に開放することで、そのぶん高いビルを建ててもよい、という交換条件の下に作られたものだが、中には公開空地とは名ばかりで、ほとんど閉ざされているものも数多い。計画性なくうねった小道に、鬱蒼とした植え込み、誰も座らないベンチ。こんなものを渋々つくって、公開空地ができました、という既成事実にしているのは、怒りというより、もったいない気がした。そもそも公開空地が出来るのは、高いビルを建てられる場所、つまり都心で、ポテンシャルの高い場所なのだ。なのに、閉ざされた公開空地は、都市空間の中にできた、小さなヴォイド（空白）のようになってしまっている。せっかくなら、ここにパーソナル屋台を持ってくることで、少しでも、ひとときでも賑わいを作り出したい。そのひとときだけ解決すればよい、という意味ではない。パーソナル屋台に声をかけてくれたひとだ

第2章　趣味のパーソナル屋台　　61

けではなく、賑わいを見かけながら通り過ぎる人々にとって、その風景、その体験が記憶となり、まちのことを改めて考えてみる、ちいさなきっかけとなってくれるのではないだろうかということだ。

　公開空地だけではない。歩道のデッドスペースや使われていない駐車場、終バスが終わったあとのバス停、河原の遊歩道。まちは、ビッシリと埋め尽くされているわけではないし、ましてやすてきなものやことばかりで埋まっているわけでもない。逆に、開発が進むと同時に、表情が乏しくなってしまったまちも多い。毎日、まちを歩いていても、家と駅と職場、あるいは学校、店舗といった、施設と施設、点と点の移動でしかなくなっていないだろうか。まちは、もっと面としての表情を持っていてもいい。豊かなまちとは、リッチなまちというわけでなく、また、何らかひとつの模範解答があるわけでもない。それぞれ

何気なく過ごす人々、ちょっとしたひと気を感じられるかどうかが、まちの生死を分ける。(Photo=Tim Gouw)

のまちに、それぞれの表情や性格が表れることではないだろうか。

　パーソナル屋台があるからといって、いきなりまちが豊かになるわけではない。だけど言えることは、都市のヴォイドに必要なものは、無意味に植え込まれたツツジでもなければ、自動販売機でもない。そこには、ひと気が必要だ、ということである。

6　居心地とはなにか

　人口密度が高いとされる都市部でさえ、いや都市部だからこそ、自分が声をかけてもよい、自分がそこに存在することが許されている、居心地がよいと多くのひとに思われるような、ひらかれた場所は、ほとんどない。自分が存在すると同時に、何者かがそこに存在しているとき、そしてそれが、邪魔や攻撃でもしてこない限り、ひとは、自分がそこに存在することが許されているという、一種の安心感を得るのではないだろうか。

　帰り途、コンビニに立ち寄ってしまう、というひとは多いと思う。そして、そのことが悪いことのように言うひともいるだろう。ひとに会うためとか、ぬくもりを求めて、なんて言うと、気持ち悪い感じがしないでもないけど、実際、わたしたちが接触したいものは、商品ではない。

　もしもあの空間に、無人の自動販売機がビッシリ置かれただけだったら、これほどまでに、ついうっかり、立ち寄る場所になっていただろうか。

　会う、話す、などというダイレクトなコミュニケーションではなく、そこに誰かがいる、という可能性のある箱に、吸い込まれていくとい

第2章　趣味のパーソナル屋台　63

うこと。わたしたちが得に行っているのは、ただ、ちょっとした、ひと気なのではないだろうか。

タバコを買わなくても、タバコ屋のおばあちゃんにはいて欲しい。キヨスク利用者ではなくとも、自動化されてみると、ホームがちょっと、さみしくなった気がする。

だから、都市空間のちょっとしたヴォイドを、なんとなくツツジや自販機で埋めてみても、都市がより居心地よくなるためには、あまり意味がない。知らないひとでいい、話さなくていい、こちらを見なくていい。たとえ、実際いないとしても、いたかも知れないという気配。そこに自分がいてもよいのかも知れない、という可能性。そんなものから、わたしたちは、多くのことを無意識に読み取って、情緒に影響させている気がする。

ある時、埼玉県にある健康ランドが、"おふろカフェ"というコンセプトで改装したというので、早速行ってみた。その名も「おふろcafé utatane」。何がcafeなのだろうと思ったが、行ってみたら確かに、柔らかな照明やおしゃれな内装、食事処もカフェ風メニューを提供しており、なるほど、これは女性に人気が出そうだ、と思った。そこまでは想像がついていた。だが、驚かされたのはここ

「おふろcafé utatane」ラウンジの様子。風呂よりも断然ひとけがあり、ここに来る人々、特に若年層は風呂以上にここでの居心地を楽しみ、このような居場所を求めて来ていることがうかがえた。会話する、マンガを読む、スマホをいじる、ぼんやりする。思い思いに過ごし、それを許容し合う「ユルい」空間。

からだ。風呂のほうはすいているのだが、ラウンジは、高校生や大学生といった若い女の子で溢れていたのだ。みな、静かに過ごしていた。風呂上がりのリラックスした姿で、暖炉のまわりで毛布にくるまって、それぞれにスマートフォンをいじったり、漫画を読んだりして、くつろいでいたのだ。驚いたと同時に、納得した。消費しない世代と言われている彼・彼女らは、決しておかねを貯め込みたいだけではない。求めているものがある。それがかつてのように高級感ではなく、ましてや物質でもなく、自分が自分のままでそこにいてもいいという、そしてその状態を他人と許容しあうという、ゆるくてやさしい居心地なのだ。これは若い女性だけの話ではなく、現代の都市に生きる人々が、共感するものではないだろうか。なぜならそれは、長くて多忙な時間を経て、すっぱりと失われてしまったものだからだ。

7　カジュアルな社会貢献

　自分が最初にした社会貢献って何だろう。思い返すと、わたしの場合は何となく「惜しい」と思いながら集金袋に投入した、幼稚園での募金だったと思う。少なくとも、趣味でではなかったし、自ら能動的に、楽しくやってもいなかった。あの頃、わたしは誰になぜ、その袋の中におかねを入れなければならないのか、全くわかっていなかった。その後、生活の中にある情報や教育を受ける中で、社会貢献とは「貧しいひと、かわいそうなひとに、おかねなり労働なりで、何らかを施すことである」と思うようになっていった。そしてそこには、一種の自己犠牲を伴わなければならないことのように感じてしまっていた。わたしは、そのようなものの中に、自分が楽しいと感じられる要素を見い

だすことはできなかった。実際、世間でも、貢献という言葉はどこか重たく、やけに崇高なイメージが定着してしまっている。もっと軽々しく、カジュアルな意味であってもいいはずなのに、もとい、そうであってこそ、より多くのひとが参加できる行為となるのに。

おかね、あるいは労働。今考えると、かつてのわたしがイメージしていた社会貢献のかたちとは、ちょうど、何かを与えたら何かを受け取るのが当然という、対価と同じようなかたちをしていた。対価にしろ社会貢献にしろ、ずいぶんと選択肢が少なく、あまりに狭義的だ。本当は、もっともっと自由なのではないだろうか。その中でも、自分自身にとって有意義に感じること、納得できることでないと、続かないし、自発的にやれない。

ふるまいを、第三の趣味と考えたとき、つまりふるまうことは社会貢献なのかどうかと、しばし考えた。その答えは、自分で出すものではないかもしれないが、少なくとも、ふるまうというわたしの楽しみが、少しでも、社会にとって貢献的な存在ともなり得たらいいな、と思った。ひとによっては社会貢献と感じるかもしれないし、そう思うひとばかりではないかもしれない。自分には、その程度に曖昧なバランスでやれることしか、楽しく続けられないようにも思う。思わず続けたくなるような能動的な楽しみの中で、誰かにとって何らかのよい可能性を持っているならば、それがわたしにとって、正直で持続的な貢献行為と言える気がする。

8　能動機会と受動機会

現在、わたしたちは自分を取りまくどれだけのことを、能動的なこ

とと言えるだろうか。能動性を発揮する機会というものに、どれだけ巡り会っているだろうか。趣味との邂逅によって、わたしは能動的に行動することが、いかにひとをいきいきとしあわせにさせるか、思い知ってしまった。

　能動性とは、何かをしたい、という欲望からはじまる。欲望にも種類があって、おなかがすいたからごはんを食べたい、眠くなったから横になりたい、というのは本能によって呼び起こされる、受動的な欲望だ。逆に、理性でもって何かをしたいと思い、それが実現できる機会のことを、わたしは能動機会と呼んでいる。一日を振り返ってみて欲しい。いつどこで、どれほどの能動機会に触れただろう？

　たとえば「かわいい服が欲しい」と思うとき、かわいくなりたいと自発的に思うと言うより、かわいいと言われた方がよいと周囲からの影響を受けて、いつの間にか思わされていたりする。さらに「かわいい」という言葉の意味すら、自ら選び取っていなかったりする。それより前に、今現在、世間で「かわいい」と言われているものは何かを、情報として知らされてしまう。つまり「かわいい服が欲しい」という欲望は、自分がかわいいと思う服を、自分から求める能動的なものに見えて、実は受動的な性質に覆われている、と考えることも出来る。

　そしてわたしたちはすでにうっすら、そのからくりを見破っている。もちろん、からくりをわかっていながら、あえて能動機会の皮を被った受動機会を甘受する、ということも、それなりに楽しい。だけど、年齢層が下がるにつれて、それすら楽しめなくなった世代が出てきている。彼らは、欲しいモノがない、と口を揃えて嘆く。どうやら、欲しいものがなくなるということは、決して喜ばしいことではないようだ。

　そうした状況に抗うかのように、世界中でモノが生産され続け、人々にものを欲しがってもらうための、あらゆる情報が押し寄せてくる。で

第2章　趣味のパーソナル屋台

ももう、限界だと思う。わたしたちは、モノに飽きているのではない、受動機会に飽きているからだ。

　これは、モノそのものの否定ではなく、また、モノかコトか、という問題ではない。というか、このふたつも二項対立ではなく、いかに絡み合っているかどうか、という問題ではないだろうか。コトを実現させるためのモノがあり、モノをとりまくコトが生まれていく。そういう関係が成り立っているとき、モノは飽きられないし、コトはうまくいく。要は、そこに関わる人々が能動的であるかどうか。モノよりもコトよりも、まずヒトの問題なのだ。

　能動機会と受動機会は、キッパリふたつに分けられることばかりではない。わたしは受動機会を責めているのではないし、悪いとも言っていない。ただ、能動機会の少なさについては、一度考えてみる必要があるのではないだろうか？

　ひとは、受動がうまくなるように、飼い慣らされてきたところがある気がする。それは経済や政治といった大きなちからによって、多くの人々を合理的にコントロールする必要があるからだけれど、どんなに誰かが合理性を目指しても、わたしたちはひとりひとり、違う性質を持った人間である以上、合理性にとって一番都合のよい存在に、なりきることはできない。合理性だけで動いている人間はいない。合理的ではない部分にこそ、能動性の鍵が眠っている気がする。そしてそのうちのひとつが、趣味と呼ばれる行いのような気がするのだ。与えられた趣味などない。合理的だから、意味があるからするという趣味もない。ひとは趣味の中で、能動性を発揮させている。わたしはその能動性を、もっと社会で、つまりまちの中で直接的に存在させたら、どんなに素敵だろう、と思っているのだ。

9 「富の再分配」を誤読する

　だいぶ前に、テレビで「富の再分配」という言葉を聞いた。集中して見ていたわけではなかったから、聞いた次の瞬間から、わたしの頭の中ではこの言葉が勝手に一人歩きをはじめた。よくわかんないけど、富の再分配、わたしもされたいし、してみたいと思った。それをしたら、何が起きるのか、ということに、興味があった。後から誰かに聞いた話だと「富の再分配」とは、富裕層の税金にまつわる話に出てくる用語だったけれど、一人歩きしたわたしの中の「富の再分配」は、勝手にその世界観をひろげていた。わたしの持てる富を、わたしに出来る範囲で、再分配するには、どうしたらいいだろう？

　それはすでに、自分のすぐそばにあった。まずは、自分のバーである。さまざまなことにおかねを使って、ゲストをもてなしてきた。そしてそのバーを街に出そうと思ったら、なおのこと。わたしは不特定多数の誰かに、わたしの富を再分配することになるのではないだろうか。そう考えると、ワクワクした。わたしはすでに「富の再分配」によって、何が起きるのか、よくわかっていた。

　それにわたしの裁量で行う再分配は、税金と違って、誰に何を、どう再分配するのか、わたしの目で見届けられるのがいい。友人や不特定多数のひとにふるまうことに対してはポジティブだが、それと同じだけのおかねを、何かに寄付したり納めたりすることはネガティブに感じる。その違いは、自分の選択、自分の活動といった、わたし自身の能動的なアクションがついてくるかどうかである。

　そして、マイパブリックにおける再分配で大事なことは、わたしよ

第2章　趣味のパーソナル屋台　69

り経済的に貧しいひとにだけ再分配するのではない、ということだ。相手が貧しくなくても全く構わない。施しのために再分配するのではない。わたしは、したいことをするために、欲しいものを得るために、再分配するのだ。

道行く人に数十円渡す、なんてことを試したことはないけれど、そんなことはわたしにとって能動的な行為ではないし、それによってコミュニケーションが手に入るとも思っていない。わたしは数十円を、一杯のコーヒーに替えて再分配している。同時にわたしは、わたしが欲しいと思っている、ちいさなコミュニケーションをひとつ、得ている。そこで富の循環は、すでに完結しているのだ。したいかたちで再分配して、しかも欲しいものを得て完結する。こんな快感は他にない。

10　与え合いを目指さない

ギフトという言葉が流行った。わたしが不特定多数のひとにコーヒーを配っている、と話すと、ギフトですね、と言われることがある。いつか巡り巡って、自分にも見返りがありますものね、と。それは、全く違う。ギフト経済の概念は「互いが贈り合う社会」のことだと言うが、わたしは別に「贈り合」ってもそうでなくても、構わない。そんなことまで主張したくないし、もし主張したかったら、違うやり方にするだろう。できるだけどんなひとにだって開いていたいし、そのためには、わたしの理想郷を主張することなんて、邪魔なだけだ。そもそもなぜ、そんなに「互い」でありたく、また「贈り合」いたいのだろうか？

自分だけがふるまっていたら？　「互い」に「贈り合う」状態でなければ？　それは自分だけが、損をしているということになるのだろう

70　マイパブリック編

か？　誰かが何かを提供してくれたら、互いが贈り「合う」ということになるのだろうか？　それが目指すことなのだろうか？

　わたしはそうは思わない。わたしは自分の好きなことを誰かとしているだけで、既に十分なのだ。ありがとうと言うひともいる。言われたらうれしい。言わないひともいる。それどころか、高圧的な態度のひともいる。それはそれで、こういうひとにも、行動しなければ会えなかったなあ、と思う。しかし、そういう提供のやりとりをし「合う」ことを、わたしは元々、前提にしていない。そんなことを、期待もしていない。

　「第三の趣味」として、わたしはたまたま、パーソナル屋台と呼んでいる装置をつくって、それを携えてまちの中に出て、不特定多数のひとにコーヒーをふるまっている。けれど、このやり方は、ほんの一例である。たとえば、場所を提供する、ということも、ふるまいのひとつだ。意外と場所のふるまいは、簡単なようで、ほとんど実現されていない。使わせて欲しい、と思う場所の所有者に限って、自分だけ、あるいは自社だけの所有権にこだわっていたりする。もし、その場所をひとときでもひとにふるまってしまうと、家賃やローンを納めている自分たちが、まるで損をしているようだったり、あるいは自分の権利を侵されているかのように感じているようだ。隣の木の枝が、自分の家の庭に侵食した。私有地を、近道のようにして通り抜けられた。それが何だというのだろう。そんなことをされて、果たして実際どれだけの損害だろうか？　イライラするくらいなら、いっそみんなの場所として、自分からふるまえばいいのではないだろうか。誰かに侵食されるようないやな感覚が湧き上がる前に、自分から能動的に、自分の裁量で、ふるまうことを決断する。そうするだけで、どうだろう。うちの私有地を、今日はどれだけのひとが通り過ぎていくか、うちの庭

を侵した隣の木の枝が、今年はどんな花を咲かせるか、楽しみになる。泣き寝入りをしろと言いたいのではなく、全く逆に、ふるまいとは、生きるうえでの主導権をうまく握れる手段なのだ。

11　マイパブリックを展開する

　子どもの頃、公共の役割とは「貧しいひと、かわいそうなひとに、おかねなり労働なりで、何らかを施すことである」と思っていたけれど、今は少し違う。そもそも、貧しいひと、かわいそうなひととは、誰のことだろうか。見た目で貧しそうなひと、リッチそうなひと、都会の路上にはいろんなひとが通り過ぎるが、果たしてこの中で、真に貧しいと、施すべきだというひとを、見つけ出すことができるだろうか。見た目が貧相でも、楽しい家族や友人に恵まれて、精神的に豊かな生活を送っているひともいるかも知れないし、見た目がリッチでも、さまざまなプレッシャーに打ちひしがれている人もいるかも知れない。見た目だけではなく、実際持っている財産なり環境なりを比較しても、もう、貧しいかどうか、判断できない世の中ではないだろうか。

　フリーの立場なら、貧しそうなひとにも、リッチそうなひとにも、等しく一杯のコーヒーを手渡せる。他に簡単なメニューを用意しておけば、子どもだって大丈夫。できるだけ多くのひとに、開かれている場をつくること。自分が、公共とはそうあるべきだ、と思っている状態に、少しでも近づけること。わたしはこれを、"マイパブリック"と呼んでいる。

　都会には、パブリックが足りない。冒頭で書いたように、公園を例にとっても、キャッチボールをしてはいけない、タバコを吸ってはいけ

ない、あれもこれもダメ、そのうち息をすることさえ禁じられそうな
くらい、日々ルールが加えられていく。誰かが困らないように、誰か
らもクレームが出ないように、と配慮されているのだろうが、ルール
が増えれば増えるほど、誰のための場所でもなくなっていく。誰にも
開かれた、誰もが満足する場所なんて、本当はどこにもないのだ。な
のに既存の、公共と呼ばれるものたちは、闇雲におかねをかけて、闇
雲にそれを作ろうとしている。

　だから、自分なりのマイパブリックを作ることを提案したい。作る
には、それなりにおかねがかかる。第三の趣味的な消費である。自分
のためだけでもなく、自分とあなたのためだけでもなく、自分と社会
のために、自分のおかねなり時間なりを費やすことは、自分が好まし
いと思える社会に、少しでも、しかしダイレクトに近づくための、手
段のひとつなのだ。もしかしたら、いつか自分が好ましいと思える社
会というものに出会うために、そこで得られると想像されるしあわせ
の感触を得るために、ひとは必死になって、おかねを稼いでいるので
はないだろうか。でも、どんなにおかねを稼いでも、そんなものは向
こうからやってこない。自分でつくるしかないし、つくることは意外
と手軽だ。

　パーソナル屋台で不特定多数の人々にふるまっていると、よく「え
らいですね」と感心される。まるで崇高なことをしているかのように。
その度に説明している。これはわたしの趣味です、読書や釣りと同じ
ように、自分が楽しいからしているのです。パーソナル屋台という全
くわたしの勝手な趣味で、ひとときマイパブリックをつくること。そ
れは読書や釣りと同じく、不思議でもなんでもない行いであろう、と。

(((MY PUBLIC)))

第**3**章

パーソナル屋台が「個人」のチカラを引き出す

1　わたしの「パーソナル屋台」

　最初のキーワードは「野点以上、屋台未満の何か」。つまり、わたしたちが「屋台」と聞いて思い浮かべる従来の屋台では、大きすぎる。野点では小さすぎる。個人でも所有ができること、モバイル性があることをおさえつつ、個人がまちに出て、ふるまうための屋台というものは、デザインとして何が必要なのだろうか。

　わたしのパーソナル屋台は、フレームの中に、箱とA看板（横から見

パーソナル屋台のお披露目会を東中野駅近くの私道で行った。手で押して転がしながら、現地へ向かう。(photo=kenta hasegawa)

パーソナル屋台が納品された直後に、設計者の山道拓人さんと記念写真。マトリョーシカのように展開された木箱とA看板。

るとAの字に見えるスタンド型看板)が入っているものだ。フレームにはタイヤが付いているので、押しながらカジュアルに動かすことができる。箱は取り出すと脚が出て、また上部の箱は回転するようになっている。そしてすべてを収納しているフレームからは、上にフレームが伸びるようになっている。その端部は庇のように少し前にでて、暖簾のようなものがつけられるようになっていた。

　見ての通り、一台だったものからマトリョーシカのようにアイテムが飛び出てくる。3つのパーツに分かれていることで、たとえば公園であれば大きく、小さな路地であればこぢんまりといったように、その場の状況に応じて領域を大きくも小さくもつくることができる。

　都市のいろんな場所に寄生したいという想いも、小さな屋台のさまざまなディテールに反映してもらった。いろんなものが引っかけられ

場所に応じて、装飾は変わっていく。ディテールを自由にデザインできることが、使用者の能動性を高めてくれる。

るように天板の四辺には数ミリ幅の溝がつくられていたり、フレームや棚には、何かをくくりつけやすいように小さな穴が開いていた。フレームが鉄でできているから、マグネットを使えば、どこにでも何でも貼り付けることができる。スチールという硬い材料でできていながら、限りなく柔軟な使い方を想起させてくれるもの。まさに、そこにできあがったのは、わたしの能動性を限りなく引き出させるものだった。

それから、さまざまな場所で、屋台を出してはコーヒーをふるまいはじめることになった。まちへ出てふるまった回数は、これまで数十回にわたるが、その中でも印象的なものを取り上げてみたいと思う。

CASE 01｜東中野駅脇の私道：
想像を超えた自家製パブリック

ついに自分のパーソナル屋台が完成し、お披露目会をすることにした。場所は東中野駅脇の私道。お盆前の灼熱の一日で、とにかく暑い。はじめて自分のパーソナル屋台を押しながら、まち中を移動するだけ

で、期待と不安がワクワクと入り交じる。現場は背後に総武線が次々と通り過ぎてゆく、線路沿いの小道である。

パーソナル屋台ひとつでも、どこに置くかは重要だ。現地に置かれている花壇と花壇の間あたりに、具合の良いスペースを見つけて、まず屋台を設置。その後、この日のために（しかしその後から現在に渡って使い続けている）オーニングを模した帆布を上部にかぶせ、さらに100均で購入した大量の造花を付けていった。どれもマグネットで好きなようにつけることができるので、その場や気分に合うアレンジができる。さあ、誰が来てくれるだろう？

普段は静かな東中野駅脇の小道に、誰をも受け入れるひとときのパブリックが出現した。

やがてポツポツとひとが集まりはじめた。最初はわたしが声をかけた友人、知人がほとんどだったが、やがて駅までのアクセスで通過する周囲に住むひとたちも、足を止めてくれはじめた。

「コーヒーいただけるんですか？」

「もちろんですよ」

暑くてもホットコーヒーが意外と出る。あるカップルは、わたしのパーソナル屋台活動を素敵だと褒めてくれて、ふたり目の前で乾杯を交わした。夏の日ざしにキラキラした笑顔が、たまらなく眩しく、うれしい気持ちになった。

いつの間にか、小道はひとでいっぱいになっていた。もう、内輪のコミュニティではない、誰もが声をかけたり、チラリとこちらをみな

第3章　パーソナル屋台が「個人」のチカラを引き出す

がら通り過ぎたり。わたしは、自分のしたいことを完全にひらいていることを実感した。そして思った。ああ、わたしはいま、パブリックをつくっている。ここは、わたしの自家製パブリックなんだ！

　あるひとがこんなことを言ってくれた。「この通りがこんなにひとで溢れるなんて何十年振りだろう。また来て下さいよ」。ありがたい一言だ。他の場所でもそう言って頂けることがあるけれど、わたしは感謝を伝えつつも、いつもこう答えている。「次は、あなたがやってください！　わたし、遊びに来ますよ」。これはわたしの素直な願いである。本当は、そのまちに暮らす人々が、特別なことでもなく、普段からこんなことをしていたら、どんなに面白いだろう。いろんなひとが、いろんな場所で各地で、いろんなパブリックをつくる。そんな光景が見たいのだ。

CASE 02｜隅田川沿い汐入公園：
誰をも受け入れる「リアルな公共」

　何度かパーソナル屋台をまちに出していたある時、隅田川沿いの公園に出動することになった。現地は公園でありながら、その日はあるアートイベントの会場ともなっていて、ふるまいに何も制限がなかった。

　とても気持ち良い快晴の午後だった。セッティングも完了し、意気揚々とポットの電源をオンにするとアクシデント。バチンと発電機が落ちてしまう。や、やばい。ふるまうはずのコーヒーがこれでは淹れられない。想定外のアクシデントである。近くにスーパーはあるが、ただ既製品の飲み物を注いで手渡すだけでは、意味がない。何度かパーソ

78　　マイパブリック編

ナル屋台を出して感じていたことは、ただ、あるものを瞬間的にあげるのではなく、ちょっと時間をかけたい、ということだった。経験上、コーヒーをモタモタと淹れている最中に一番話が盛り上がることも、わかっていた。困ったな。

わたしは、ふと思いついて、スーパーへと走り出した。手に取ったのはミロの粉と牛乳。こ

休日の公園ということもあり、子どこからお年寄りまで、さまざまな人々が立ち寄ってくれた。

れが大成功だった。集まってくる大人たちは懐かしがってくれて、子どもたちは、「僕はいつも飲んでるよ!」「わたしはこんなのはじめて!」と子どもどうしのミロ談義で盛り上がっていた。

公園という特性上か、この日はとりわけ、いろんな世代のひとが立ち寄っては、コーヒー(ミロ)とコミュニケーションを楽しんでいってくれて、驚いた。子どもたちは、走り回りながら疲れると、何度も屋台へやってくる。おかわりも自由という設定だったが、何度もおかわりをねだる男の子に、年上らしき女の子が「ひとりじめしちゃだめ!」とお説教しながら首根っこを引っ張っていく姿には、思わず笑ってしまった。障がい者のお子さんが来てくれたのも印象的だった。おじいさんたちもやってきては、周辺の歴史やまちのことをたくさん話してくれた。

有料だったら、こうなっただろうか。フリーでふるまうことで、誰でもアクセスできる状態になれる。そのことが、ただで何かをもらえる、というだけではない雰囲気を、つくりだしている気がした。パー

ソナル屋台は、貧乏だろうと金持ちだろうと、性別も世代も関係なく、誰に対してもオープンでいられる存在なのだということを知った。こんなに「公共的な公共」他にあるだろうか！

CASE 03｜大手町ビル群の公開空地：緊張感に満ちたオフィス街で

わたしの事務所は東京・神田の司町にある。ちょうど大手町駅、淡路町駅、小川町駅の中間あたりのエリアだ。歩いて両国の自宅まで帰るときには、たまに気分転換で大手町を抜けていくこともあった。昭和の雰囲気が残る神田側から南へ下り、首都高をくぐると一気にまちの雰囲気は変わり、おびただしく再開発の進む大手町のオフィスビル群が現れる。公開空地などもがんばって整備しているけれど、どれもこれも人間的な規模をはるかに超えていて、魅力を感じられない。あぁ、ここにパーソナル屋台を出したら、すごくすてきなのに。そう思うことが度々あった。

そんなとき、URからそのままの依頼があった。まさに大手町のオフィスビルの足元で、パーソナ

オフィス街のサラリーマンやOLは、初めはどこか緊張気味。だが一言会話がはじまると、その場の空気が一気にほどける。

ル屋台を出してみませんか、という。屋台やテーブル、椅子などが出現することで、ひとの行動やふるまいがどのように変わるかを調査するという、実証実験がその目的だった。そしてこの実証実験の中心にいたのが、デンマークの都市デザイン事務所、ゲール・アーキテクツだった。ゲール・アーキテクツは、まさに今世界中のまちづくりで"人間のためのまち"を提唱、設計するパイオニア的存在だ。ゲール・アーキテクツのデイビッドと会うと、われわれのパーソナル屋台の理念を、驚くほどすぐに理解してくれて、わたしは依頼をすぐに快諾した。

　時々問題になるのだ、屋台の要請をくれても「タダでコーヒーを出してくれるんでしょ？」と、相手からまるで便利屋のようなノリで扱われること。またイベント会場の中で出していると、イベントの主催者からフィーをもらっているからタダでコーヒーが出せると誤解されてしまうこともある。そんなこともあったので、わたしはパーソナル屋台という活動が理解されるかどうか、不安に思うこともあった。その点デイビッドの理解は恐ろしく速く、正確だった。

　当日は事務所から大手町へパーソナル屋台を手押しで進めていった。現地でのセッティングが完了したのは、午前11時ごろだった。やがて正午に向けて、ぽつぽつとひとが現れはじめた。実証実験が行われたのは大手町川端緑道という、ちょうど首都高と日本橋川沿いに整えられた緑地である。川をバックにパーソナル屋台を設置し、佇んでいると、通りがかるサラリーマンやＯＬたちが、遠目からチラチラと見ているのがわかる。無味乾燥な日本のオフィスビル街の風景には、少し怪しく映ったに違いない。それでも、わたしはただ、じっと待つ。

　やがて一人近づいてくる。看板を見て「無料なんですか？」と言う。ここまできたら、もう大丈夫だ。「近くにお勤めなんですか？」という質問をきっかけに、コーヒーを淹れながら会話が弾んでいく。ランチ

第3章　パーソナル屋台が「個人」のチカラを引き出す

タイムに入り、気付けば行列ができていた。ひとりひとりに淹れていくので、時間はかかる。それでも行列している人々は急くこともなく、それぞれにコーヒーと小さな会話を、楽しんでいってくれた。

　この巨大なオフィスビルに勤めている人々は、どんな一日を過ごしているんだろう。満員電車で不快な思いをしながら会社に到着して、社内でも特に会話もなく、黙々と帰路につくひともいるかもしれない。今日のように、はじめて会うひととちょっとした会話を交わすことなんて、ほとんどないひとだって、いるかもしれない。そうなるしかないくらい、まちは緊張感で埋まっている。

　海外を見ていて、そんなさみしい生活が思い起こされるオフィス街なんて、なかった。マンハッタンだろうとバンクだろうと、ひと息いたりほっとしたり、一瞬でも気を抜いて誰かに声をかけたりすることで、労働マシーンから個人に立ち返るような、そんな瞬間を受け入れる場所が、あったように思う。もしかすると日本の1階は、寂しすぎるのではないだろうか。わたしは、パーソナル屋台を通して、まちを見続けることで、いつしかそんなことを考えるようになっていった。

どうすればその場により馴染むことができるか、受け入れられることができるか。屋台の装飾は、いつもロケーションに応じて変えている。

2 わたしなら、こんなパーソナル屋台

　酒を呑めない一方で、事務所でオリジナルカクテルをふるまう。コーヒーにも屋台にも、元々興味なんてなかったくせに、パーソナル屋台を持ってまちに出る。酒、コーヒー、バーカウンターに屋台。どれも実は、目的ではなく手段にすぎない。コミュニケーションというエキサイティングな行為のための、きっかけにすぎない。

　街ゆくひとに用もなく突然話しかけるほど、あやしいことはない。ただ、「コーヒーいかがですか？」の一言は、用もないコミュニケーションをはじめられる格好のきっかけとなるのだ。

　しかし、実はわたしは、コーヒーをつくるのにこだわりがあるわけではなかった。家では自分で淹れるのは、むしろ不得意なくらいで、それもあってパーソナル屋台ではドリップが下手でも味が安定しやすいエアロプレス式でコーヒーを淹れるようにしているくらいだ。コーヒーもまたコミュニケーションのきっかけでしかない。

　そう考えると、パーソナル屋台は、誰だって何だってできるのだ。それであれば、こんな屋台が、あんな屋台があるかもしれない。気付けばパーソナル屋台の妄想がとまらなくなっていた。そしてある時から、わたしは友人知人に会うと、パーソナル屋台の話をしながら、そのひとに必ず聞くのだった。

　「あなたなら、どんなものを無料でふるまうパーソナル屋台にする？」

　その質問を最初にぶつけてみたのは、ある女性だった。その女性は、10秒ほど考えると、まるで普通のことを言うように、こう答えた。「わ

たしなら、タコかなぁ」。

「えっ!!!　タコ!?!?」

　一瞬8本足のタコが脳内を浮遊し、面食らっているわたしに、彼女はこう続けた。「わたし、実は凧をつくるのが得意なんですよ。だから、子どもたちに凧をつくってあげる屋台なら、できるかもしれないですね」。その瞬間、冬のある日の公園に、彼女が出した凧屋台に、子どもたちが群がる光景が脳内に広がった。まわりではそこでつくった凧を持った、たくさんの子どもたちが走り回っている。

　なんて素晴らしい屋台なんだろう。こんな屋台は自分には思いつかない。パーソナル屋台を一個人が持つ可能性の片鱗を、そのときはじめてリアルに感じたのだった。

3　自分のパーソナル屋台を考える

　そんなすてきなパーソナル屋台が、さまざまなひとによって出されたら、どんなにすてきな街になるだろう。自分以外の誰かがパーソナル屋台を持つ可能性にワクワクしていた一方で、なぜかわたしの周りでは偶然、屋台が流行り始めて、わたしはいつしか「屋台のひと」と認識されるようになった。由々しき事態だ。わたしは屋台にもコーヒーにも、元々興味がない。それらは口実であり、メタファーなのだ。わたしがしたいこと、誰かがするのを見たいことは、ふるまうことである。屋台なら何でもいいわけじゃない。

　そんなことを話していると、友人が声をかけてくれた。彼が継続して開いているワークショップシリーズの中で、パーソナル屋台をやってみないか、という内容だった。何日か講座を開いて、最終的には参加

者それぞれが、実際に屋台を作って、まちに出てみる。しかし果たして、ただの屋台ではなく、ふるまうためのパーソナル屋台なんて、理解してもらえるだろうか？

パーソナル屋台３つのルール
1．まちの「隙間」でする
2．自分のやりたいことをする
3．無料でする

「無料でふるまうパーソナル屋台にチャレンジしてみませんか？」我ながら告知内容を読み返しても、ちょっと怪しく感じてしまう。参加希望者ゼロも覚悟していたところ、蓋をあけるとなんと５名もの参加者が集まった。参加したのは20〜30代の男女。職業は大学生やお医者さんまで、多様だった。

フィールドは、東京・神田。まずフィールドワークで参加者それぞれが気に入った場所を見つけてもらい、自分なら、その場所でなら、一体何をふるまおうか、と内容をつむぎだす作業を行ってもらった。「みんな、言っておくけど、これはオシャレな屋台とか、儲ける屋台のワークショップじゃないんだ。誰かに何かをふるまうためにつくる屋台なんだ」。言ってること、伝わっているだろうか。おとなしく話を聞いてくれる彼らの顔を見て、心底不安だった。しかし結果から言うと、本当にこちらの杞憂だった。

「だから来たんです、面白そう！」

なんということだろう。参加者はみな、まちに出てみたい、ふるまってみたい。そんなことにワクワクしてくれていた。さらに驚いたことに、屋台のカタチをしていなくてもよいこと、便宜上「屋台」と呼んで

左上から、ビネガードリンク屋台、おもちゃ屋台、チャイ屋台、こたつ屋台。それぞれが、とにかくやりたいこと、ふるまいたいことを携えて、まちに飛び出した。

いるに過ぎないということも、十分に伝わっていた。そして約1ヵ月後。見たこともない5つの屋台が完成し、参加者はまちへと飛び出した。

　実に感動的な一日となった。デザインに携わっているひとはひとりもいなかったが、最終的につくられたパーソナル屋台たちは、どれも多様で、世界にひとつの、見たこともないものだった。インド好きの村上さんは、ビルの隙間でチャイをふるまって、さらにその日のためにつくりあげた自作のインド同人誌まで持って行かせた。大学生のアサノがつくったおもちゃ屋台は、交差点でひととき子どもを楽しませる移動可能な遊び道具だ。看板型で、持ち歩けるようにハンドルがつけられていた。清水さんの路上で誰でも入っていけるコタツ屋台も、

すべてキャンプ用品などでつくりあげたモビリティの高いもの。また、健康に興味があるというサチエは「この街の外食は炭水化物過多だから」と、自家製のビネガードリンク屋台をこしらえ、行き交う人々にふるまった。

　なかでも、花が大好きなガミちゃんが行ったパーソナル屋台は、とりわけ印象的だった。彼女が考えたのは、ガーベラの花を一輪、道行くひとにふるまう屋台だった。ママチャリをベースとし、仕入れたガーベラを前籠いっぱいにゴソッと積み、後ろの荷台に簡易的なテーブルを設えて、そこで花を整えて小さなブーケをつくるスペースとした。

　休日の靖国通りへ、花いっぱいのママチャリを漕いで飛び出したガミちゃん。スポーツ店が並ぶ歩道脇に自転車を停めると「お花いかがですかー」と声をかけはじめた。遠くから見守っていても、その怪しさはハンパない。人々はたくさん行き交っているが、みな彼女を横目に過ぎ去ってしまう。まちのなかで誰にも応答してもらえない。彼女にとって初めての待ち時間は、想像を絶するほど長く、孤独に感じたはずだ。しかし10分ほど経ったころ、和装の男性がふと足を止めて、こう言ったそうだ。

　「このお花、いただけるのですか？」

　「はい！」

　そこからは腕前発揮だ。彼女はわざと、さまざまな色のガーベラを仕入れていたのだ。その中から好きな色を選ばせることから、コミュニケーションを楽しむことを想定していた。選ばれた一輪を、手際よく茎を切って整えて包んでいきながら、ガミちゃんはその男性と、楽しそうに会話を重ねていった。「ありがとう、これは妻へのプレゼントにします」、男性はそう言って、最初のふるまいが終わった。

　そしてまた、別のひとが足を止め、またコミュニケーションがはじ

まる。気付けば小さな列ができていた。そして数十分後、靖国通りは一輪の花を持つ老若男女さまざまなひとで、溢れるように彩られていた。ガミちゃんは、その人々との会話を楽しんだ。家族や彼女にプレゼントするというひとが多い中、「旦那の墓前に飾ります」と話してくれた女性もいたそうだ。約50本のガーベラをふるまい尽くした彼女は、感動で足を振るわせながら、空っぽの籠のママチャリをゆっくり漕いで、集合場所に帰ってきた。「ああ、楽しかった。こんな楽しいことがあるなんて！」。ガミちゃんの顔は、こぼれそうなほどの笑みを浮かべていた。

丁寧に花を包み、ひとり目のお花を渡すガミちゃん。ここから次々と、声をかけてくるひとが増えていった。

マイパブリック編

4 400人のパーソナル屋台構想

　パーソナル屋台の活動が周囲に少しずつ知れ渡るようになった頃、他でもワークショップの依頼を頂く機会が出てきた。しかし講座の枠は、せいぜい2時間程度。そんな中で、まさか実物の屋台をつくってもらうわけにもいかない。そこで、自分ならどんな屋台を持つだろう、と考えてもらう「パーソナル屋台を妄想するワークショップ」をはじめることになった。

　フィールドワークを行い、自分ならどんな場所で、どんなことをふるまうか考える。屋台をつくるところまではいかないまでも、アイデアを膨らませて構想し、みんなの前でプレゼンテーションするという、即日のワークショップだ。

　実物をつくらないと言っても、悩ましい点があった。わずか数時間の間に、50人や100人といった大人数の参加者が、どれだけの屋台構想を作れるだろう。パーソナル屋台について、イマイチ理解に苦しみ、うまく楽しめないひとと、うまくアイデアが思いつかないひとが出てくるかもしれない。だったらあらかじめ数人のグループになって行った方が、そのリスクはいくぶん回避できるし、時間的にも余裕をもった講評ができるだろう。

　そうした理由から、先方からはグループワークにしたほうが、という提案を何度も受けたが、わたしは今も、ワークショップをやるなら個人でやってもらうことにしている。前回のワークショップ然り、わたし自身然り、個人だからこそ、自分も心底楽しくて、それが他者にも伝わるような、魅力的なものができたのではないか。あれがチーム

だったらどうだろう。役割を分担したり、気を遣って自分の考えを引っ込めたりと、どこかモヤモヤが残ったのではないだろうか。そしてそのモヤモヤ感は、まちに出たとき、必ずひとに伝わるはずである。わたしは個人力を信じ、どんな参加人数のワークショップであろうと、必ずひとりひとりが考え、全員が発表するものとした。

その結果が、凄まじいものだった。

東京都美術館の市民ボランティアの皆さん(100名)、宮城大学事業創造学科2年生の皆さん(200名)、柏の葉アーバンデザインセンターまちづくりスクールの皆さん(40名)、横浜国立大学大学院都市イノベーション学府の大学院生の皆さん(30名)。どの回も、最後にひとりひとりが発表するプレゼンテーションを一気に行う。全員が「わたしならこういうパーソナル屋台を行います」と話していくのだ。

一人聞いてみて、とても面白い。また一人聞いてみて、また面白い。全員が発表していくと、たまには凡庸でつまらない案も、あって当然

4回目のパーソナル屋台ワークショップは、柏の葉のUDCKで開催。参加者全員がひとりひとり前に出て、各々のふるまいアイデアが次々とプレゼンされた。

マイパブリック編

だと思っていた。しかし、そんな気持ちは、痛快なまでに裏切られた。やる気だって、みんな違う。特に学生ともなれば、やる気のない態度でやる気のない案を出してくる者も、そりゃあいるだろうと思っていた。けれど怖いほどに、聞けども聞けども、いちいち面白い。普段声に出すこともなく考えているようなことが、屋台構想を通じて露呈するのだ。参加者どうしが、発表を聞いては意外性に驚いたり、笑ったり。会場では発表の度に、大きな拍手が起きた。わたしはワークショップで、心底学ばされた。面白くないひとは、本当にいない。面白さを引き出すのは、きっかけひとつあれば、できることなんだ。パーソナル屋台を構想する、たったそれだけのことで。

5 「個人」だから面白い

これまでに400名近いひとたちに、自分のパーソナル屋台をそれぞれに考えてもらうワークショップを行ってきた。しかし、なぜパーソナル屋台を構想させることは、ここまで個人から面白さを引き出せるのだろうか。

「社会のため、まちのため、ひとのため、なんて考えないでください」

ワークショップの度に、わたしは何度もそううるさく言っている。「まちに出て無料でふるまう」ならば、「社会のため」「ひとのため」になんて、やってられない。必ずまずは「自分がやりたいこと」「自分が楽しめること」にしてください、と。その呪文の目的は、まちづくりや公共、ワークショップといった言葉が連れてくる、ある種の義務感から完全に開放され、まずは素の自分自身と向き合ってもらうことにあ

る。だからこそ「僕はこれをやろう、楽しもう」という、他にはふたつとない想いが、アイデアとして立ち現れる。自分自身を思いっきり発揮する。そのこと自体をわたしは尊敬しているし、優劣をつけることもない。全員の個性を嘘偽りなく、諸手を挙げて歓迎する。だから、全員がいきいきとプレゼンテーションしてくれる。

これまでいろんなワークショップを見たり、参加したり、行ったりしてきたが、200人が考え、200人全員がいきいきと面白いって、すごいことだ。人間の主体性が表出するとき、こんなにもチカラを持つなんて。たとえば、東京都美術館の市民ボランティア「トビラー」を対象に行った際も、全員が全員のオリジナル、すべて違った個性豊かなアイデアが発表された。

美術作品を鑑賞したお客さんと一緒に余韻に浸るための「アートの余韻引きずり屋台」、企画展ごとに大量に余るチラシでものづくりを楽しむ「美術館チラシでペーパークラフト屋台」、「画家の名前しりとり屋台」、「アートカードで占い屋台」なんていうのもあった。また美術館とは直接関連付かなくても、布を持ってきたらいろんなものを縫ってあげるという「まちかどミシン屋台」や「ニット編みます屋台」、いつも植物の刺し木を捨てざるを得ないことが心苦しいというひとは「刺し木を持って帰ってもらう屋台」、肌寒い季節だったこともあって「移動ストーブ談話屋台」や「おそとで足湯屋台」といった暖め系もいくつか見られた。わたし特に趣味や特技がなくて、というひとは「交差点で毎朝あいさつするだけの屋台」を発表した。まだまだ紹介しきれない、ユニークなパーソナル屋台が次々と飛び出していく中、参加者が発表するたびに、他の参加者たちは「へえ、○○さんって占いできるんだ！」「あ、わたしも編み物好き」など、互いの興味や嗜好に驚いたり、相づちを打ったりしている。普段話すことのない、ひとの意外な一面を垣

東京都美術館でワークショップを開催した後日、送られてきた写真。ペン好きの男性が、自分のコレクションのペンをただ並べ披露するというパーソナル屋台。ペン1本を介してでも、コミュニケーションは生まれることを教えられた。（写真提供=東京都美術館）

間見る機会ともなったようだ。

　その後、彼らの一部の方は、実際に館内で、パーソナル屋台をつくったと後日報告をもらった。（写真は、文房具好きの男性が、自前の文房具コレクションを自慢する屋台を実践する様子。文房具ひとつで、コミュニケーションが生まれる）

　リアルにつくったパーソナル屋台でも、妄想だけのパーソナル屋台でも、どれもひとが惹きつけられるのは何故なのか。タダだから、という理由ではない何かがある。もしかしたら、屋台の半分は、ひとで出来ているからではないか。

　その屋台主のパーソナリティからストレートに発せられるコンテンツ。それに引き寄せられるように老若男女が集い、独自の「場」とコミュニティをつくりだしている。もしAという屋台が合わなければB

東京都美術館でのワークショップ風景。このときのフィールドは、美術館内、上野公園、周辺のまちのどれかをセレクトして考えることにした。

へ、それでもダメならC。そんなふうに、個性的なパーソナル屋台がまちに現れたら、どうだろう。

　公共って、本当はそんなふうだったんじゃないだろうか。玉虫色の退屈そうな公民館に、誰がこころ沸き立つだろう。誰かにとって合わなくても、他の誰かにはしっかりフックする、そんなエッジが効いているほうが、公共って面白くなるんじゃないか。面白くなければ、公共って言えないんじゃないか。個性と公共って、相反する言葉に見えるけど、ほんとは表裏一体なんじゃないか。

　わたしは改めて、東京の都市を俯瞰した風景写真を見た。そこにワークショップで出会ったひとたちの顔と、彼ら彼女たちが創造したパーソナル屋台を重ねる。まちのためでもなく、誰かのためでもない、自分自身が心底楽しめる物事が溢れる都市がもしあったとしたら、それはどれだけ豊かな光景なのだろう。

　パーソナル屋台は、年齢や性別を問わない。誰にだって、できるこ

とだ。それぞれがマイペースに気ままに、マイパブリックのマインドとパーソナル屋台を携えて、まちに出ることができたら。2020年にはオリンピックの開催を控えている東京が、そこらじゅうパーソナル屋台でマイパブリックづくりを楽しむ人々で溢れて、地方や海外から来る旅行客たちを迎え入れるまちになっていたら、どうだろう。オリンピックが終わってからも、そんな光景が日常になって、日本中に広がっていたら、どんな社会になるだろう。そんな妄想を膨らませて。

都市のなかに、まちのなかにマイパブリックが増えていったら、どんな社会になるだろう。(photo=Edomura No Tokuzo)

(((MY PUBLIC)))

第**4**章

第三の趣味・マイパブリックの仲間たち

1　ふるまい仲間との邂逅

　自分のパーソナル屋台を持ってまちへ出て、フリーでコーヒーをふるまったり、開催するワークショップがきっかけとなり、同じようにフリーで何かをふるまうことを趣味にしてくれるひとが、少しずつ現れはじめた。同時にまちを歩き観察していると、フリーで何かをふるまうことを趣味にしているひとは、わたしだけではないことに気がつきはじめた。

　わたしたちのまわりには、すでにさまざまなひとが、さまざまなモノやコトをふるまって、思い思いに独自のマイパブリックをつくって楽しんでいることが見えてきたのだ。もちろんみんな、商業的な目的があるわけでもなければ、何らかのメッセージを伝えたりPRすることが目的でもない。そしてまた、ふるまうモノやコトのプロフェッショナルでもなければ、こだわりすらないことが多いようだ。実際わたしも、コーヒーどころか屋台というものにすら興味はなかったし、そもそもふるまうことがこんなに好きになるなんて、当初は予想すらしていなかった。

96　**マイパブリック編**

ふるまっているひとたちに共通して言えるのは、ふるまうものを利用して第三者との接点を自分からつくること、それによって自分ひとりでは思いもよらない、楽しみや刺激が与えられることをよくわかっているということ、それが何よりの収穫であることを、よくよく味わって楽しんでいるということだ。つまり、そのひとが何をふるまっているかは、すべてひとと接点を持つため、コミュニケーションを得るための口実でしかない、とわたしは思う。だから、自分だけが何かをふるまっていて、一方的に損をしている、などとは全く感じていない。むしろ毎回、自分の仕掛けによってつくられた状況に、こころから喜び、そこに関わるすべてに感謝している、ということだ。

　本当にそんなひとが、この世の中にいるのだろうかと思うだろう。ここでは、わたしがまちを歩きながら数々出会ってきた中から、５人のふるまいびと「マイパブリッカー」たちを紹介したいと思う。

マイパブリッカー01：加藤さんのカレーキャラバン（全国）

　まだ自前のパーソナル屋台が完成していない頃、バーカウンターに遊びに来てくれた女の子とふるまう楽しさについて話していたら、彼女がこんな提案をしてくれた。「そういえばわたしの大学の教授、カレーふるまってるんですよ。ご紹介してもいいですか？」ビックリした。ふるまう快楽に目覚めているひとがまさか他にもいるなんて、当時は考えもしなかった。

　教授の名前は、加藤文俊さん。慶應義塾大学環境情報学部の社会学者だが、わたしはそれより何より、ふるまい仲間として、出会ってしまった。わたしたちふたりはお互い、その存在に驚き、歓びあった。あなたも、あんなに楽しいことを知っているのですね！　どうして!!

　加藤さんは、木村亜維子さん、木村健世さんの３人で「カレー

キャラバン」を走らせている。月に一度、3人は5000円ずつ出し合う。そしてどこかのまちに向かい、現地で食材を調達し、そのまちのひとたちと、みんなで出来上がったカレーを囲む。そんな活動を、2012年から5年間、現在もますますパワーアップしながら継続されている。

　きっかけは、アートプロジェクトの一環だった。まち全体をキャンパスに見立てたそのイベントで、カレーを作ってみんなで食べることを、ひとつの「講座」にしたのだ。カレーを食べつつまちのひとにもふるまっていたら、あるおじさんがお礼にと、隣の店からビールのジョッキを持ってきてくれた。それが、加藤さんにとって衝撃だったという。きっと、ふるまいが持つ可能性が、瞬時に電撃のように、加藤さんを駆け巡ったのだと思う。

　「仕事柄、調査や実験のように思われるんですけどね、もう、完全に趣味ですよね」

　そうですよね、趣味なんですよね！　趣味というワードが、まさか初対面の先輩フルマイストの口から聞かされたことに、わたしは感激しながら、首をブンブン縦に振っていた。さらにシンクロは続く。加藤さんは自分がふるまっていながら、カレーを「食べていってくれたひと」と言う。わたしも、コーヒーを「飲んでいってくれたひと」と言う。ふたりとも、むしろこちらに与えられることが多い、と感じていることも共通して、うれしかった。

　加藤さんらと一緒にふるまいを楽しんだこともあるが、加藤さんたちカレーキャラバンの楽しみ方たるや！　オリジナルのゆるキャラやTシャツまでつくり、さらに使用する道具ひとつにも、自分がカッコいいと思うものを選ぶ。つまり、まず自分が楽しむ立ち位置にある。サイコーだ！　わたしは完全に、加藤さんの活動やそこにある視座に、惹き込まれた。

カレーキャラバンについては加藤さん、木村さんらによる著書『つながるカレー』（フィルムアート社）に詳しい。この本の副題は「コミュニケーションを『味わう』場所をつくる」。加藤さんたちにとっても、そうなのだ。カレーは好きだけれど、突き詰めて追求するというわけじゃない。月に一度しかやらないから、慣れすぎることがない。そこがいいんです、と加藤さんは話す。カレーづくりや食べることを通して、不特定多数の誰かを構ったり、構われたりすることが、加藤さんたちを魅了していたのだった。

マイパブリッカー02：根岸さん家の灰皿（東京都千代田区）

我々の事務所の隣はコインパーキングで、その隣には、コインパーキングの地主でもある、根岸さんという高齢の夫婦が住んでいる。妻の根岸さんはよく街に出て、話し好き、世話好きの明るい婦人で、孫でもない小学生が家に立ち寄り、遊んでいったりしているようだ。また家の周りの植え込みや花木の手入れもよくされていて、咲かせるのに3年も苦労したという朝顔は、コインパーキングの塀にまで、その蔦を這わせている。

そんな根岸さんの玄関先には、大きな業務用の灰皿が置かれている。喫煙ルールの厳しい千代田区に働くサラリーマンたちはそこで一服し、根岸さんは時折喫煙中のサラリーマンたちと楽しそうに会話を弾ませている。しかし彼女自身は、どうやら喫煙者ではない様子だ。わたしはある日、本人に訊ねてみた。なぜここに灰皿を置いているのですか？と。

根岸さんの話は、こうだった。5年前に引っ越してきたばかりのとき、根岸さん家の植え込みは、たくさんタバコのポイ捨てがされていた。いわば被害を受けたかたちの根岸さんは、その植え込みに「ポイ

捨て禁止!」の立て看板を立てるのではなく、灰皿を置いて、ポイ捨てを止めさせたのだった。なんとハッピーなソリューションなのだろう。

　いや、でも、とわたしは思う。結構、掃除とか手間がかかったりしませんか？　そう食い下がっても、根岸さんはケロリとしたもので、うちはね、主人が透析でたびたび病院に行かなきゃならないから、わたしは家にいなきゃいけない一方で、何もすることがないから、時間があるの。灰皿のお掃除も、一日3、4回、換えてあげればいいだけだし、と言うのだった。

　彼女が楽しげに会話している喫煙サラリーマンたちは、実はかつてのポイ捨て犯だったかもしれない。でも彼女は今、喫煙者たちを問い

一戸建ての玄関前に設置された業務用の吸い殻入れ。根岸さんはよく玄関前の階段に座って、在勤者たちと楽しそうにおしゃべりしている。

マイパブリック編

つめるでもなく、誰とも笑って話している。灰皿の脇には、三角コーンの頂点をカットして、そこに造花を飾っている、**根岸さん自作の飾り付け**があって、夏はひまわり、秋は紅葉など、季節によってその設えを変化させている。自分も楽しみながら、不特定多数の他者にひらき、ふるまい、問題を解決する。根岸さんのしていることは、まさに私設公共、マイパブリックづくりそのものだ。

マイパブリッカー03：水で絵を描く淳さん（東京都・上野公園）

上野公園を歩いていたら、子どもたちがはしゃぐ声に出会った。そこには、ひとりのおじさんがいた。なるほど、公園の清掃員が、子どもたちに何か余興をして見せているんだな。何だろう。近づいてみる

目の前でリクエストした動物がどんどん描かれていく。そのライブ感に、子どもも大人も引き寄せられていく。

描いて、消えて、また描いて。動物たちは、100メートル以上に渡って連なっている。

と、そのおじさんは、手にモップのようなものと小さなバケツを持っていて、水で次々と地上に絵を描いていたのだった。しかも、おじさんから見て逆さま、つまり向かい合っている子どもたちから正面に見えるように。おじさんは「干支は何？」「何座？」と子どもに聞いては、その答えの動物を次々と描くのだった。

コンクリートの地面に描かれた絵は、描かれては蒸発して消えていく。おじさんはどんどん横に移動して描き続けて、子どもたちがその後を楽しそうに追う。子どもの数も増えていく。頃合いを見て手を止めたおじさんに、早速話しかけてみた。名前は淳さん。中央線に乗って、わざわざこれをするために上野公園までやって来ているのだった。近づいてよく見ると、淳さんの持っている道具は独自につくられたもので、傘の先に風呂洗い用のスポンジを括り付けて吸水性と放水性を

マイパブリック編

つけ、さらに柄のあたりには靴べらのようなものを装着し、柔軟性を出しているようだった。

　あまりに興奮して、思わずその場で淳さんに突撃インタビューを試みた。元々は学校の美術の先生だったけど、早めに退職して、趣味でこのことをはじめたこと。いくつかの公園を渡り歩き、上野公園におちついたこと。水で絵を描くこつ。そして話は、大道芸と自分の違い、つまりフリーでふるまうことへ。「今は、何でもおかねがからんでる。それがみんな当たり前だと思ってるんだよね。だからこうして、金にならないこと（フリーで）やってるのが、そういうひとたちには、不思議に見えるらしいね。最後は、変人って言われちゃう。でも金にかえられないものって、けっこうある。だから、金をとることによって、駄目になっちゃうものもあるってことなんだよね」

マイパブリッカー04：通称レコードコンビニ（東京都中央区）

　数年前から、わたしの家の近所にあるコンビニエンスストアが、妙な動きをはじめた。正確に言うと、そこはヤマザキショップで、小売店という分類なのだそうだ。たいていのヤマザキショップは、フランチャイズのルールが緩いことが裏目に出て、店主のおじいさんが居眠りをしていたり、棚もガラガラだったりと、どこかだらしない印象を受けることが多い。ここもかつては、そんな雰囲気があった。たまに買い物してみると、レジはいつも無愛想なおじさんだったし、なんというか、やる気や活気が感じられる店ではなかった。

　しかし数年前、ふと見かけたら、屋外にテーブルとイスが置かれていた。それだけでなく、道路に面したガラスの壁にあった雑誌棚は撤去され、店の中が見通せるようになった。そこからは日に日に変わっていくようだった。雑誌棚のあったところにはイートイン的なカウン

第4章　第三の趣味・マイパブリックの仲間たち　105

ターが設えられ、ガラス面から道路に向けるようにして、レコードの
ジャケットが飾られるようになったのだ。店外のテーブルとイスには、
常連客らしき人々が、イートインがてら談笑する様子も、度々見られる
ようになった。これはもう、何かがおかしくなっている。店には、お
じさんではなくお兄さんが立つようになっていた。

　いつの頃からか、わたしも店先に溜まっている客のひとりになって
いた。話によると、お兄さんは以前から仕入れなどを手伝っていた、
おじさんの息子だった。銀座のバーで働いていた経験があり、音楽が
大好きで、おじさんから主導権が移り、自分の好きなように店をアレ
ンジしているのだった。あれよあれよという間に照明が変わり、レジ
カウンターの内部には飲食店許可のために必要な二層シンクやビール
サーバー、コーヒーマシーンまで設置された。常連客の数も増えてい
き、もはや立派なコミュニティとなっていた。近くにある東横イン
に出張のため宿泊している遠方からの客であっても、老若男女どんなひ
とであっても、常連客たちは気軽に声をかけ、自分たちの輪に巻き込
んでいった。いつの間にか、その場のそのやさしい居心地を、みんな
で作り、みんなで守っていこうとする集合体としての意思が芽生えて
いた。それによって、人々は惹き付けられ、新たな常連客となってい
く。

　ある日「収容しきれなくなるんじゃないの、この先どうするの？」と
問いかけたら「ちゃんと考えてますよ」と言う。数日後に見たときには、
なんと倉庫だった地下空間をリノベーションして、みんなの居場所へ
と変えていた。地下が出来てから、コミュニティの活動はますます多
様になっていった。ギターやトランペットを演奏できるひとがそこで
教室を開いたり、発表会を兼ねたライブが開催されたり、また町内会
の集まりに利用されたり。店頭に集ったり地下空間を利用したりする

　　　マイパブリック編

コミュニティの輪は、広がる一方だ。場所代はとらない。まさに空間や居場所をふるまうことによってつくられた、自家製公共である。

ついには音楽家の岸野雄一さんが、店内でのDJイベントを企画し、月に一度、知り合いのDJを招いてダブルキャストというDJナイトを開催するに至った。これによってこのヤマザキショップは現在、DJコンビニ、レコードコンビニといった呼び名で噂されている。商品棚や照明などはいつものままで、店内で起きる出来事や人々のふるまいだけが、ガラリと変わる。そのミスマッチぶりも魅力のひとつだ。ここでこんなことをしていいんだ、というささやかな共犯感が、そのとき初めて出会う人同士をゆるやかにつなぎ、音楽空間としても人的空間としても、素晴らしい状況になっていた。

ダブルキャストは回を追うごとに噂が広まり、SNSでも拡散されていき、月に一度の夜には遠方からもダブルキャストを楽しむお客さんが増えていった。イベント中も店は通常営業しており、店内にビッシリと入った人々が沸き立ち踊っている中、いつも帰り道がてら立ち寄っていくようなひとも、今日は賑やかだね、と言いながら買い物を済ま

開催されているDJイベントの様子。貸しきりなどにせず、通常営業中なのがいい。

せていったりする。レジカウンターでの受付や準備などは、普段のお兄さんに加えて、常連客もスタッフとして自主的に動いて楽しんでいる。料理の得意な常連客は、ダブルキャストのたびに温かいスープや軽食をこしらえて、みんなにふるまった。いつの間にか冴えない小売店が、人々で賑わうだけでなく、それぞれの能動性が主体的に発揮されるような、いきいきとした場所になっていたのだった。どうしてこんなことしてるの？ と訊くと、コンビニ店長はいつもこう言う。「え？だってオレが楽しいコトしてるだけっスよ？」

マイパブリッカー05：アスク・ア・パペット（アメリカ・ニューヨーク）

　フリーでふるまうパーソナル屋台を考えはじめてから、野点以上屋台未満の新しい屋台のカタチについて、いろんなリサーチをしている。ある日、いつものようにネットで調べていたら、ふと目に入ってきたのが、シンプルな白い屋台の画像だった。

　その屋台は、白いボックス状の台にフレームと看板を付けた、まさに屋台の基本をおさえたデザインのものだった。その屋台は、おそらく公園であろう場所に設置されていて、ひとりの女性が座っている。看板に書かれた文字は「FREE ADVICE」！　フリーの文字が目に入ったとたん、海の向こうに仲間がいた！と興奮した。

　興奮をおさえつつ、その一枚の画像を読み取っていくと、少しずつ状況がわかってきた。手

（photo= Ask A Puppet）

(photo= Ask A Puppet)

前には小さな椅子が置いてあって、人ひとりが座っている。なるほど、話を聞いてアドバイスをしてあげる屋台ということか。しかし、ようやく理解できたと油断した矢先、彼女の右手に気づいた。彼女の右手には、パペットが装着されていたのだった！　つまり話を聞きアドバイスをしているのは、彼女ではなく、右手に装着されたパペットなのだ。人間よりも、ぬいぐるみのように擬人化されたものに対してのほうが、ひとは本音で話すことができると、聞いたことがある。まさに彼女は、それをも取り入れていたのだ。

　調べて見ると、彼女の屋台は「Ask A Puppet」と名付けられていて、アメリカ・ニューヨークの Tompkins Square Park に不定期に出没しているそうだ。発見した Facebook ページを覗いてみると、これまでのふるまいの光景が切り取られた写真が何枚もあったり、次はいつ出没しますよ！というイベント情報が公開されていた。彼女がどうしてそういうことを、屋台というカタチではじめたのか、その真意については、近いうちに直接ニューヨークを訪れて訊いてみたいと思う。け

れども、どうやら同じ時期に同じようなふるまいびとになっていた彼女はきっと、ふるまい屋台を行うまでに同じような考え、同じような気付きを得ているのだろうと想像する。ふるまうことは、もしかしたら今現在、世界同時多発的に起きている、新時代の楽しみなのかもしれない。

2「パブリックサーカス」
公開空地に集まったマイパブリッカーの奇跡

　マイパブリックの仲間を増やしたい、と実際にまちや公園に出て、ふるまいを行うワークショップをこれまでに数回、行ってきた。どの回も参加者は毎回だいたい5組程度。そりゃそうだ、ふるまうワークショップなんて聞いたこともない。人数的な規模こそこぢんまりとはしているが、こんなよくわからないテーマに集まる人々はいつも、こちらが驚かされるほどいきいきと、ふるまうことでできるマイパブリックの世界を、楽しんでくれるのだった。わたしはいつしか、そんなひとたちを「マイパブリッカー」と呼ぶようになっていた。そして、ワークショップを重ねながら、いつかマイパブリッカーを集結させたいよね、と言うようになっていった。

　そんなある日、格好の依頼があった。渋谷にできたばかりの渋谷キャストというビルの足元に広がる公開空地でのイベントを企画する案件だ。

　今や日本全国はエリアマネジメントブームで、どこも季節ごとに彩りのあるイベントを行おうと必死だ。公開空地もそのステージに含まれる。キーワードは「賑わい」。マルシェやキッチンカーはもはや必須コンテンツだ。しかしわたしはどことなく違和感を覚えていた。賑や

かすことが、エリアのマネジメントなんだろうか。地道に、だけど確実に、日常の質を高めることではないだろうか。川上の誰かが賑やかして、川下の人々がそれを受け入れる。トップダウンで消費型という社会構造の根本は、何も変わっていないのではないだろうか。

　渋谷の公開空地では、何をしたら、どうなるだろう。そうだ、今まで出会ってきたマイパブリッカーに集まってもらおう。タイトルは「シブヤマイパブリックサーカス」。演者と観客の二項対立ではなく、よりフラットな関係で楽しむ、いわば現代版のサーカスだ。それには、マイパブリックしかない。その土地に暮らす、ふるまいのマインドをもったマイパブリッカーたちが各々、自分が好きなことを好きなようにふるまい、ふるまわれる人々も、さまざまな体験をする。どこかからやってくるサーカスをただ待つのではなく、自分たちで起こす小さな小さな体験型サーカスだ。ひとときの打ち上げ花火で終わるのではなく、その後もマイパブリッカーのような一般市民が自由に利用できる公開空地という姿が、日常風景になることまで視野に入れた。

　しかしこんなコンセプトが、果たしてどこまで理解されるだろうか？　期待と不安が交錯するなか、2017年11月3日「シブヤパブリックサーカス」が開催された（主催：co-lab／春蒔プロジェクト株式会社、企画：株式会社グランドレベル、協力：渋谷キャスト）。一輪の花、ヘアメイク、スラックライン、マジック、数学、塗り絵、DJ、コーヒーなど、これまでのご縁を活かして、約10組のマイパブリッカーたちに集まってもらった。人選でわたしがもっとも気にかけたことは、ふるまうことを楽しめる、という才能の持ち主であることだ。そして、マイパブリッカーたちにはリクエストがひとつあった。それはできるだけ、お客さんにも自分のスキルを教えたり、体験させたりすることだ。そのことで、演者と観客という関係はよりほどけるはずだし、何より

お客さんたちにとって、自分だけの体験こそが、かけがえのないものになるからだ。

　開催した11時から18時までの間は、まるで夢の中のような空間が生まれた。お花をふるまいながら通りがかった観光客とお話しをする彼女。その傍らにはマジックを披露しながら子どもたちにもそのスキルを伝授するマジシャン。その向かいではDJがターンテーブルを子どもにもおばあさんにも触らせ、さらには老若男女を奥深い円の世界へと誘う数学者のふるまい。客も演者も自分の思い思いに能動性を楽しみ、さまざまにコミュニケーションする。気付けば公開空地全体に、そんないきいきとした人々が満ち溢れていた。

　わたしは決して資本主義に反対しているわけでもない。何の運動家でも宗教家でもない。他のマイパブリッカーも、そこはみんな同じだと思う。ただ楽しいから、おかねのやりとりをしないでふるまっているのだ。売り手と買い手、演者と観客という断絶やヒエラルキーがない。

キャットストリートからビルの足元の広場へ自然と人々が流れてくる。広場はまちに自然と溶け込み、どこまでが広場か歩道かはわからない。また、誰が演者か観客かもわからない。1円のやりとりもなくて、この賑わいだ。あらゆる存在が許される、理想的な公共空間の使われ方を実現することができた。

替わりに自由が生まれ、そこではふるまう側もふるまわれる側も、能動性が求められる。黙っていても勝手に受けられるサービスも商品もない。だからこそお互いが、すてきな時間や体験を得ようとする、楽しもうとする。結果、出会ったばかりの赤の他人との、良質なコミュニケーションが発生する。それが、繰り返され、紡ぎあっていく……。

　「これは、最強の公共だな」。わたしは自分で企画しておきながら、武者震いするくらいに驚き、こころを揺さぶられていた。

DJ、マジック、一輪のお花、DIY、数学、ヘアアレンジなど、さまざまなふるまいが繰り広げられた。観客が演者がフラットになるシーンが無数にわき起こる。

第4章　第三の趣味・マイパブリックの仲間たち

LEVEL
GROUND
LEVEL
GROUND
LEVEL グランドレベル
編
GROUND
LEVEL

(((GROUND LEVEL)))

第**5**章

マイパブリックと
グランドレベル

1 「パブリック」とは、幸せの条件

「パブリック」「公共」と聞くと、行政や組織が主体の施設やスペースのことだと思いがちだが、たとえひとりの人間、一個人のふるまいや状況づくり、小さな「マイパブリック」であっても、いやむしろ、小さいからこそリアルな「公共性」を帯びる。「マイパブリック」は、既存の公共よりも、パブリックたりうる可能性があるのだ。

パーソナル屋台を出すこと、また同じようにふるまう楽しみを満喫しているひととの出会いで、わたしは、個人が今すぐにでも、無理せず身の丈で、楽しく「公共」を自家製できることが、よくわかった。そして、お気づきだろうか。わたしのパーソナル屋台も、他のふるまいを楽しむ人々もみなマイパブリックを、1階や路面、地面で展開しているということを。マイパブリックとは、いわゆる地上＝グランドレベルでこそ最も効果的かつ有意義に実現できる状況なのだ。

改めて最初の動機に立ち戻りたい。わたしはバーカウンターで友人知人にふるまっているうち、その楽しみをまちに出て展開したいと考えるようになった。しかし待てよ、と思う。もし、まちに出なかったら、

114　グランドレベル編

相変わらずビルの4階で、友人知人にふるまうことを楽しんでいたら、どうなっていただろうか。楽しくはあるものの、きっとパブリックをつくっているという実感は、持てなかったのではないだろうか。グランドレベルと、ビルの一室。ほぼ同じようなことをしていても、歴然と生まれる違いがある。それは、友人知人だけではない、全く見ず知らずの第三者と接触する可能性を許容しているかどうか、である。ひととき知らないひとがわたしの元に行き交うことを許容すること、むしろ歓びとすること、その結果できた状況や場のことを、わたしは自家製の公共＝「マイパブリック」と呼んだ。第三者が関わる可能性がひらかれているということは、パブリックの必須条件なのだ。

　「パブリック」とは、公共空間でも公共施設でもなく、"公共的である状況"を指す。"公共的である状況"とは、次のようにまとめられる。

＝第三者との接触可能性がある（共有性）
＝第三者にとって「自分の居場所」である（実践性）
＝第三者どうしが互いの存在を許容し合える（関係性）

　「パブリック」とは、知らない第三者と接触する可能性があり、多様な人々の多様なふるまいの中に自分の居場所、居心地が感じとれること、そして自分も他人も、互いの多様性を許容し合っている状況。これは、1章で述べたアドラーの幸せ三原則にも通じるものがあり、またわたしたちが現代社会で生きていく上での"幸せな環境"そのものでないだろうか。また、そうした状況なくして、幸せ三原則を整えることができるだろうか？

第5章　マイパブリックとグランドレベル

ひるがえって、日本にある、公共施設やパブリックスペースのどれほどが、そのような状況を叶えてくれているだろう。一方で、これまで取り上げてきた、個人によるさまざまな「マイパブリック」は、事実上、公共的な状況づくりを実現していた。リアルなパブリック性を持った"私設の公共"は、提供する側も、提供される側も、楽しい。そこに次世代の「しあわせ」につながる大きな可能性がある、とわたしは考えている。

言い切ってしまうと、マイパブリックを通して発生する第三者との接触とはつまり、社会との直接的な接触に他ならないと思う。社会と呼ばれるもののうち、最も身近な一端は、他者という存在である。では社会とは、どこにあるのか。他者とは、どこにいるのか。その答えは「まち」である。

2 「まち」も「社会」も、「地面=グランドレベル」

「社会」とは何だろうか？ 「まち」とは何だろうか？ その実体は考えれば考えるほど複雑だ。高層のオフィスタワーだって、ファーストフードだって、コンビニだって、まちにある。どこを「まち」と指すかは、そのひとの活動圏次第、ということになってしまう。しかし、これぞ確かに「社会」の一部である、「まち」の一部である、と誰もが納得してくれる場所があった。「社会」や「まち」を指し示す共通言語的な場所。それは、ヒューマンスケールのアイレベル。地面に自分が立ってみて、自然に視界に入ってくる風景のことだ。

公園も、河原も、駅も、駅前広場も、公開空地も、コインパーキングも、ショッピングセンター（の１階）も、学校（の１階）も、戸建て

（の1階）も集合住宅（の1階）も空き家（の1階）も、商店街も、歩道も、横断歩道も、ガードレールも、自動販売機も、街路樹も……。そして目に飛び込んでくる、多様な人々も。さらに他人から見たわたし自身の姿も含めて、これらは確実にどこで活動する誰にとっても「社会」であり「まち」の一部、と言えるのではないだろうか。

わたしたちは、「社会」の、「まち」の、さまざまな場所で暮らしている。しかし地面に立つことだけは、社会と接点を持つひとなら、ほぼ誰もが毎日体験することだ。時間と同様に、あまねくひとに平等に与えられたもの、それがグランドレベルなのだ。人々は同じ地平に立っているが、どこに向かって何を見ながら生きているかはひとそれぞれで、それぞれの中に、それぞれの社会像やまち像がつくられる。ただ、

オフィス	住宅	ニュータウン	マンション団地
公共施設	美術館博物館	商業施設	ショップ飲食店
駅前広場バス停	公開空地	公園	水辺
歩道・道路交差点	駐車場	空き家	空き地

地面、グランドレベルには、どんな施設や場所が関わっているのかを挙げてみた。まだまだ他にもあるはずだ。

第5章　マイパブリックとグランドレベル

多様な社会像、まち像があるなかで、他者との共通項としてのイメージを見いだせるのは、それは間違いなく、地面、グランドレベルなのだ。

「まち」をよくしたい、「社会」をよくしたい、とは誰しもが思うことだ。わたしもずっと思い、考えてきた。そのために、政治家でも専門家でも資本家でもない自分が、無理なく、すぐにできることは何だろう、と。

そして、気づいたのだ。高額なことや高尚なことは必要ない。何も構えることはない。まず、目の前のグランドレベルを良くしていけばいいのだ。「まち」や「社会」がグランドレベル、と言えるのであれば、「まち」の善し悪し、「社会」の善し悪しは、グランドレベルの善し悪しにかかっているということだ。

このことこそ、パーソナル屋台を用いたマイパブリック活動、というとっても風変わりな「第三の趣味」を通じて得られた、大きな気づきのひとつである。

わたしはいてもたってもいられず「グランドレベル」という名前の会社を立ち上げてしまった。

たくさん仕事があって、活動の規模を拡大するために会社化したわけではない。ましてや、起業欲も全くない。むしろ、仕事が入ってくる目途なんて、ひとつもなかった。ただ、こんな会社が必要だと思った。これまでの都市計画はみな、鳥瞰的だった。そして、ひとは立体的にまちを使いこなせるものだと、思い込みすぎていたと思う。誰も鳥になんかならないのに。わたしたちはみな、目の高さから水平の世界しか、視認できないのだ。自然な目の高さで見た視界でもって、グランドレベルの作り方、使い方をアシストする仕事を、つくろうと思った。グランドレベルさえよくなれば、人々の目の前に広がる風景、つまり

グランドレベル編

人々にとってのまちや社会、その見た目だけでなく、そこで起きる出来事も変わっていくのではないか。さまざまな問題が山積した現代において、グランドレベルを底上げする価値とその可能性は、まだまだこれからひらいていけるものではないか。

3　まちをマイパブリックにしてしまえ!

「まちはパブリックである」。それは一般的に、明白、自明なことのように感じられる。しかし、今のわたしたちにとって、それは本当にリアルなことになっているだろうか。

たとえば自分の家の前に植えられた街路樹について意見したいとき、どこに行って、誰に言えばいいのか、どれほどのひとが知っているだろう。公園でパーティーをしたくなったらどうすればいい?　楽器を思いっきり弾き鳴らせる場所はどこにある?　そもそも公民館ってどこにあるのだろう?　では図書館は?　そこは日頃からよく行く場所となっているだろうか?

まちに暮らしながら、わたしたちとまちとの間には、いつの間にか結構な距離ができているのかもしれない。

その距離を縮めてくれていたのは、現代的な利便性であり、経済性であった。注文すれば何でもすぐに運ばれてくるし、公民館や図書館を知らなくたって、困ることなく一生を送ることもできる。もちろんそういうひとがいてもいいだろう。しかし、ひとはグランドレベルから一切逃れて生きていく、などということはできない。ひとは人生の多くをグランドレベルの上で過ごし、そこでの時間にさまざまな経験と想いを積み重ねながら生きていく。だからこそ、ただ通り過ぎるし

第5章　マイパブリックとグランドレベル　　119

かない無味乾燥なグランドレベルや、大手チェーンの看板だけが乱立し、そのエリアの個性が感じられないグランドレベルではなく、そこにいて楽しいグランドレベル、ひとのいる気配がいきいきと感じられるグランドレベルが広がっているまちの光景に、わたしたちは惹かれる。これは趣味、嗜好の問題ではない。

まちにパーソナル屋台を出して、コーヒーをふるまうことは、あくまでメタファーだ。屋台であることや、何をふるまうかは、実はそれほど重要ではない。本質は「マイパブリック（＝私設の公共）」が、誰にでも平等に与えられているグランドレベル（地階・地上・地平）において、どれだけ実践されるか、である。

グランドレベルには、実にさまざまなひとたちが関わっている。想像してみてほしい。土地の権利を持つ地主や物件のオーナーや店子、個人から一企業までが、私設で自分なりのマイパブリックを展開したとしたら、どれだけ確実に社会は変わるだろうか。しかしこれは、無理をしてあれこれふるまおうと言いたいのではない。そもそも「ふるまう」「与える」ということは、日常、本人が意図していなくても、起きてしまうことなのだ。

ひとも、モノも、グランドレベルも、ふるまう気なんかなくたって、誰かの目に晒された時点で、誰かに「与えて」しまっている。きれいだとか、面白いとか、気になるな、といった視覚情報と、それによる印象を、瞬時に、大量に与えている。社会生活を営むということは、互いにその連続なのだ。だからこそ、どうせなら放っておいても「与えてしまう」こととなる「存在」というものに対して能動的に、自覚的に楽しんでいこうよ、という話なのである。

服装ひとつもマイパブリックになりうるし、家や店やオフィスだって、玄関先ひとつとってもマイパブリックになりうる。ついつい自分だ

けのもの、自分のためだけの環境、と思いがちだが、意外と誰かの視界に入っている。入らないわけがないのだ。見られたくないからと高い塀を立てても、それはそれで、その塀を見られることになる。社会における生活とは、そうやって互いを視認しながら送られていく。どうしてもそれが嫌なら、山奥か無人島にでも行くしかない。まちの中で社会生活を送るなら、楽しませたり驚かせたり笑わせたり、といった、ちょっとしたよい気分を、自分からふるまってみるほうがいい。あいさつなんかは、自分から他者へとすぐに与えることができる、好例だと思う。他者やまち、社会に、自分から何かを提供する。それだけのことで、まず提供する側が楽しいし、まちそのものも豊かになっていくはずだ。

在宅医療に関するまちのケアステーション「しろいにじの家」(神奈川県横須賀市)の軒先にある、まちに提供された小さなベンチ。個人、団体を問わず、それぞれのマイパブリックをグランドレベルに表出させたとき、まちはどんな姿になるだろう。

第5章　マイパブリックとグランドレベル

不特定多数の誰にとっても、よい「ふるまい」なんてあり得ない、というひともいるだろう。幻想だというひともいるだろう。情報化が進み、多様性が叫ばれる昨今、その主張はよりもっともなように聞こえる。だがしかし、時代がいくら変わったからといって、夕陽が、花が、醜くなるだろうか。殴られても平気になるだろうか。わたしは、人間の普遍的な部分に、まだまだひとがしあわせに生きるための潜在的な可能性が眠っていると思うし、そのひとつが、ひとの能動性をまちのなかに発露させることだと思っている。言い換えると、マイパブリックという概念が、グランドレベルに実践として溢れることこそ、まちを、社会を、世界を、次世代的なしあわせというものがある状況へと変えることになると思っている。

4　1階は「プライベート」と「パブリック」の交差点

一般的には、地面は、誰にも平等に与えられた「パブリック」、そこに垂直に建てられた建物は、各オーナーや事業者、家主といった人々

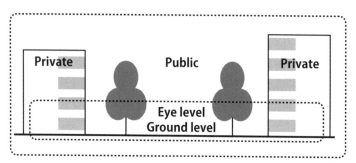

わたしたちが共有できる「まち」とは、実際のまちの中の、どの部分だろうか。

のもの、つまり「プライベート」と捉えられがちだ。しかし、実際はそうなり得ない。誰もが地面を踏みしめることができ、そこに佇む権利のある以上、地面に立って自然と目に入ってくる光景、つまりわたしたちが「まち」と呼んでいる光景は、誰にも独占できない。たとえある建物が誰かのものであっても、その建物がつくり出す風景は「まち」の一部であり、「まち」が誰のものかを考えたら、その風景とはあまねくみんなのもの、わたしたちのものでもある。

　わたしたちはまちに出て、ひとつひとつの建物を上から下まで、舐めるようには眺めていない。無意識に、主に建物の１階をわたしたちは見ている。その１階のある光景を、わたしたちは「まち」と呼んでいる。

　たとえある建物があなたのものだったとしても、あなただけのプラ

まちは、１階と地面がクロスする部分、自然と目に入るグランドレベルにある。
(photo=Galio)

第5章　マイパブリックとグランドレベル

アメリカ・ポートランドのACE Hotelの地上階。大きな窓により街との一体感があるロビー空間では、いつも旅行者が心地よさそうに過ごしている。(photo=~dgies)

イベートな建物という役割のみでは終われないだろう。誰にでも見られているということは、誰にでも与えているということ。あなたの1階は、同時に「まち」でもある。どんな高さの建物であっても、その1階は、プライベートとパブリックの交差点という、特殊領域なのだ。

　海外でエレベーターに乗ると、戸惑うことがある。「1」というボタンを押しても、1階に着かないのだ。「1」を押すと、いわゆる2階に着いてしまう。そんなとき、「1」の下にはたいてい「G」というボタンがある。そうしたところでは、わたしたちにとっての1階を1階とは数えず、まずGという階があり、その上階から1階、2階……と数えている。わたしたちにとっての1階は、グランドレベル（あるいはグランドフロア）と呼ばれている。

　その由来を調べているが、定かなものには今のところ出会えていな

い。ただ、わたしはしあわせな解釈をしている。ここの人々は、わかっているのではないか。地上階が特殊領域であることを。プライベートとパブリックの交差点であることを。だから他の階と並列に数えることはせず、わざわざグランドレベルと呼んでいるのではないだろうか。

エレベーターが開くと、建物の地上階に出る。そこから広がる世界は、自動車や歩行者が行き来する道路、絶え間なく変わり続ける信号機、風に揺れる植栽、そして別の建物。グランドレベルはパブリックもプライベートも文字通り地続き、シームレスに展開する特別な世界だ。

5　人類とグランドレベルの関係

世界の名作絵画を特集したテレビ番組を観ていて、気付いたことがある。画家が描いてきたさまざまな絵は、そのほとんどがグランドレベル、つまり地面でのできごとや風景ではないだろうか。試しに「名作　絵画」と画像検索をしてみたら、出てくるわ出てくるわ、どれもこれもグランドレベルだ。名画の多くに、さまざまなグランドレベルでの風景や人々の営みが目に飛び込んできた。

たとえばゴッホの「夜のカフェテラス」という絵画は、グランドレベルのことを考えながら改めて見ると、感慨深い

「夜のカフェテラス」(1888/フィンセント・ファン・ゴッホ)

ものがある。南フランスはアルルの星空の下、灯りを浴びる石畳と、まるでその賑わいが聞こえてきそうな、グランドレベルのカフェテラス。この日常風景を描いた画家の意識に思いを馳せると、美しく賑わいのあるグランドレベルは、いつの時代もひとの心を惹き付けていたことが感じられる。

　そもそも、昔からグランドレベルが描かれるということは、考えてみれば当然かも知れない。われわれ人類は、そもそもグランドレベルに誕生したのだから。グランドレベルには本来、すべてのひとの、すべての生活があったのだ。

　では、人類が一番最初に描いた絵画というものは、どんなものだったのだろう。それは「ラスコーの洞窟画」。フランス南西部にあるそれは、今から2万年ほど前、クロマニョン人たちによって描かれたものだ。大きな洞窟の壁に、約600頭もの動物が描かれているという。誰かに見せるためではなく、本能的に描かれたと言われている人類初のこの絵もまた、人類が太古からグランドレベルの世界に生きていたことを物語っている。

「ラスコーの洞窟画」(photo=Jemifer Mei)

126　　グランドレベル編

エルサレムは、紀元前2800年から、常に人々が絶えることなく暮らしてきたとされている。（photo=israeltourism）

　クロマニョン人の時代から現代へ、2万年という時の流れとグランドレベルの風景の変化を重ねてみる。狩猟の時代から、やがて農業や畜産の発達へと移り変わり、国という形態が広がっていった。新しい文化や産業も次々と生まれていった。まちや都市の発達と共に、それらを構成する建物も少しずつ高くなっていった。やがて、人々は上階にも暮らしはじめた。しかし、人類をとりまく環境がどれだけ変わろうとも、グランドレベルに目を移すと、そこにはいつも基本的な生活の要素が詰まっていたことは、容易に想像ができる。

　世界には、紀元前から現代まで、途切れずにひとが暮らし続けている都市がいくつもある。時代を超え、統治者が変わりゆき、まちの姿もめくるめく変貌し、誰がその地の権利を握り、現在誰が使っていようとも、そのような都市に住まう人々は、よくわかっているのではないか。どんなに建物が高くなろうとも、大地というもの、建物でいう

第5章　マイパブリックとグランドレベル　127

と1階は、グランドレベルだけは、厳密には、誰のものにもならないということを。そこに社会があることを。つまり公共的であるべきだということを。そうすることが、自分たちの暮らしそのものを、豊かにすることであるということを。

「グランドレベルがどうあるべきか」「1階をどうつくるべきか」ということは、わたしたちにとって豊かさとは何か、人間として普遍的に感じられる価値とはどこにあるのかを問いかける。グランドレベルへの意識なくして、時を超えたサスティナブルな都市発展はない。

世界のさまざまな都市の歴史年表を改めて眺めていくと、社会的背景から文化の発祥に至るまで、グランドレベルとの関係は、切っても切り離せないものばかりだ。

日本でも、たとえば日本の安土桃山時代に「楽市・楽座」というものがあった。これは、織田信長や豊臣秀吉らによって行われた経済政策で、独占販売権を持ったひとだけではなく、誰もが自由に取引市場に参加できるもので、新興商工業者を育成し経済の活性化を図ったものだった。これが描かれた絵画を見てみると、実に豊かなグランドレベルが展開している。どうしても自由貿易という政策そのものに目が行きがちになるが、信長や秀吉たちは、この経済政策そのものが「まち」の風景として、いきいきと活気のあるグランドレベルづくりにつながることもまた、想定していたのではないかと考える。もし今の時代に彼らが生きていたとしても、楽市楽座をビルの上階や屋上などで行おうとは思わないだろう。やはり誰もが視認する場所、グランドレベルに展開するはずだ。

太古から現代まで、文明とともに、常にいきいきとしたグランドレベルがあり、ひととひととの相乗的なコミュニケーションがその発展に作用していた。今だってそれは、変わらない。グランドレベルの価

値は、もはや人類にとって普遍的なものなのだ。

6 グランドレベルで変わったイーストロンドン

一方で、戦争や貧困など、国や政治や社会が市民にそっぽを向いたときの事象に着目し、その時のグランドレベルを見てみると、そこには常に酷い風景が広がっている。そこにあるのは、閉鎖的で、自由がなく、一様の行動しか許されない場所。それは、もはや人間がいきいきと生きるための場所ではないことがわかる。

下の絵は、19世紀半ばのロンドンの東部にあった、スラム街の風景

「ロンドン巡礼」より（1982/Gustave Dore）

だ。17世紀から多くの移民が流入していたロンドンは、19世紀になると、迫害を逃れたユダヤ人が大量に移住し、その多くは単純労働の人手として働かされた。当時は人口の1/3以上がこのような状況下に暮らしていたという。働くことだけのために効率的につくられたグランドレベルでは、人々は人間らしく、つまり労働以外のさまざまな要素の整った生活を送ることができなかったのだ。

しかしこのイーストエンドはその後、20世紀に入ると徐々に変貌を遂げていく。「貧しい人々にも教育と娯楽を」と、アートを中心とした教育をはじめ、社会的地位や生活水準の低い人々をサポートする試みがいくつもはじまった。さらに2000年前後になると、イーストエンドは新進のギャラリーやアーティストたちに注目されるようになり、100年以上前に建てられた、レンガ造りの殺伐とした町並みが変わりはじめた。上階には若者が住みはじめ、1階はギャラリーや古着屋、カフェ、レコードショップ、多国籍の料理屋で溢れるようになった。グランドレベルが生き返ることで、死のまちが、ロンドンのニューカルチャーを生み出すまちへと変貌したのだ。

ロンドンでは、その後も同じように、グランドレベルが人々の能動性を引き出す形で更新され、ニューカルチャーを生み出すエリアが次々と誕生し続けている。まさにグランドレベルによって、まちが変わるということを体現し続けている都市だ。

大事なのはコンテンツではない。グランドレベルの作られ方、使われ方なのだ。たとえ同じコンテンツだったとしても、グランドレベルが自由に使えず、人々が建物の上階に閉じこもっていたり、閉鎖的な設えになっていたりしたら、同じようなことにはならない。そこにカルチャーも生まれることはない。

いきいきとしたまちで体験するグランドレベルは、本当によく開か

れ、開かれたグランドレベルが続けば続く分だけ、まちの活力が続いていく。当然誰の意識の中にも、建物の中か外か、地権者や所有者、管轄などといった隔たりがなく、目の前に一体となって広がるグランドレベルの光景を、みんなのものだと思っている。誰も、自分だけの場所だと思っていない。パブリックとプライベートの交差点という特殊領域として、いかにまず自分が楽しく、また、まちの人々にも楽しく利用してもらうか、という可能性を引き出している。国内にしろ海外にしろ、"まちがいきいきしている"と感じられたエリアの1階や路面だけは、個人所有かどうかにかかわらず、パブリックとしてまちに寄与させようとする工夫が凝らされている。

次に、近年出会って印象的だった2つのグランドレベルの事例を見てみよう。

ロンドンの「モルトビー・ストリート・マーケット」。木材の保管場所を、起業家支援のために無料で貸し出したことがきっかけとなり、この10年で多くの屋台やレストランが並び、人々が集う場所になっている。(photo=Matt Brown)

第5章　マイパブリックとグランドレベル

7 UAE. ドバイのコミュニティ装置

21世紀に入ってから一気に都市化したアラブ首長国連邦のドバイは、海外からの資本を次々と受け入れ、デベロッパーが好き勝手に開発を進めているような印象を受けるが、実際に訪れてみると、全く違っていた。日本の広告によく登場する超高層の建物はもちろんあるが、グランドレベルに降りてみれば、そこには、さまざまな人種の営みが反映された、特徴的な街が広がっていた。

なかでも、アラブ古来の街そのものが保存された歴史保存地区バスタキアは、建物はもちろん、その暮らしぶりまでもがまるごと保存、展示されている。入り組んだ路地を歩き、ある建物の入り口を覗くと奥まで入ることができ、そして中庭に出る。そこでは、職人が、そのエリアの補修に使う伝統的なタイルや瓦をつくっている。また、ある建物はカフェになっていて、旅行者で賑わっていたりする。同じように、モスクにも入っていくことができる。まさに村一帯のグランドレベルをどこへでも入っていくことができるのだ。

そんなバスタキアで、面白い出会いがあった。それは、巨大なコンクリートの塊だ。小さなプールか浴槽のようにも見えたそれは、広場の真ん中に堂々と鎮座していた。何のためにあるものなのかは、皆目見当もつかない。謎の塊を横目に、我々はそこを通り過ぎるしかなかった。

しかし、夜になって再び同じ場所を通りがかると、あの謎のコンクリートの塊は、地元のおじさんたちで賑わっていた。10人前後、いただろうか。そのうちの数人が、我々異邦人の視線に気づいて、「ほら、

ドバイのバスタキア歴史保存地区を歩いていると、広場の真ん中で謎のコンクリートの塊に出会った。

こっちへおいでよ！」と陽気に声をかけてきた。おそるおそる、手招きするおじさんたちのもとへ近づくと、なんと見ず知らずの我々をあの塊の内側へと招き入れてくれたのだ。

　あの塊の内側はおじさんたちで満員状態。コンクリートの上にラグやクッションを入れて、なかなか居心地のよい状態になっている。戸惑う我々に、おじさんたちは気前よく、お茶と水タバコをふるまってくれた。お茶は、カルダモンを抽出するアラビアンコーヒー。宗教的にアルコールを禁じられている彼らにとっては、お茶も水タバコも、大人のコミュニケーションツールであるようだった。彼らはかつてこのエリアに暮らしていた幼なじみだそうで、週に一度は必ずこうして集まって、おじさんだらけの井戸端会議をしているという。よく話すひとも、黙ってスマートフォンをいじり続けているひともいる。1箇所に

集まれど、おじさんたちは無理にひとかたまりになることもなく、そこでそれぞれ多様に過ごすことを、当たり前のようにしてくつろいでいた。

　この巨大屋外ベンチは、いつの時代からあるものなのかは定かではないが、日中は40度を超える灼熱の地に、わざわざコミュニティのための設えを、堂々と広場のど真ん中に、しかも可動ではなく、コンクリートで作り込んでしまうなんて。誰かの家にでも集まればいい、というのは違うようだ。彼らは、幼い頃からこのエリアこの広場という、同じ風景を見てきたもの同士なのだ。愛着のあるその広場を今も憩いの場として利用している光景は、グランドレベルとコミュニティの根源的な関係性が現れているようにさえ感じられた。歴史保存地区であ

まちなかに設えられた巨大屋外ベンチ、それを使う市民のパブリックマインド、そしてコミュニケーション、この３つが自然と連動している。

グランドレベル編

り、観光化されたエリアであるにもかかわらず、まちを誰にも渡してしまうことなく、自分たちの生活を、送りたい場所で送っている。地元の人たちが楽しそうに過ごす、なんでもない、しかし豊かなその一端を垣間見られることこそ、余所者のわたしにとっても、うれしい出来事だった。

8 「騎楼」でつながるまち 台湾・台北

　台北のまちは、中心部の建物の1階がほとんど「騎楼」と呼ばれるピロティになっている。1階部分にはさまざまな店舗が入り、その前には屋根がかかり、半屋外の通路が延々と続いている。「騎楼」は店舗の一部でもあるような、誰もが行き来できるパブリックな通路でもあり、プライベートとパブリックがあいまいに混ざり合ったゾーンだ。店舗がカフェや飲食店であれば、「騎楼」にも席が設置され、雑貨屋であれば、商品が並べられる。中にはプライベートの割合が高い使い方をするひともいて、たとえば売り物でもない、自分の趣味で育てている植物をたくさん置いて、のんびりくつろぐ店主の姿も見られる。

　しかし驚くべきは、その連続性だ。どんなに行けども、1階が店舗、その前が通路である「騎楼」が、途切れない。あるエリアでは、100メートルちょっと歩いただけで、病院、塾、高級ブティック、カルチャーセンター、カフェ、お茶屋、クリーニング屋などが、どこまでも連なっていた。そしてどれもが、まちに対して開いている。直射日光や雨を避けられる「騎楼」には、上階に住むひとたちが降りてきていて、いつもさまざまな、ひとの活動を見ることができる。客や店主だけでなく、通行人を含めて、老若男女あらゆるひとが何をするでもなく、なんと

第5章　マイパブリックとグランドレベル　135

台北の迪化街で見た「騎楼」。台北の「騎楼」は、中国の華南地方から伝わった「張り出し屋根」がはじまりと言われ、日本の統治時代に市区改正としてつくられた。歩行空間であり、佇める場所であり、小商いもできる、複合的な場所になっている。

いうか、適当に「騎楼」で過ごしている。それはまるで、パブリックなリビングのようでもあった。プライベートとパブリックの交差点、という概念が、そのまま具現化されているような光景は、ひとが豊かさを感じながら暮らせるグランドレベルの在り方そのもののようだった。

「騎楼」のあるエリアだけでなく、台北という都市はほとんど、グランドレベルの理想郷だった。思い思いの植栽で彩られた住宅、個性溢れる小さな商店たち、柵がなくどこからでも自由に出入りできる公園、ハイセンスなギャラリー……グランドレベルに存在するあらゆるものが、持ち主の個性を主張しつつも、外へと続くまちに対して、ささやかでも心づかいを持ってデザインされている。そんな一軒一軒によるまちへの参加意識、まちをかたちづくる一員としての自意識がありありと感じられた。統一されたデザインコードといった問題でなく、あ

台北の「永康公園」のエッジデザインを見る。手前が公園で道路を挟み集合住宅へとつながる。明確な境界を意識させないエッジデザイン。

台北の「永康公園」周辺の住宅街。住民たちに愛情たっぷりに育てられたであろう植物たちが、そこかしこに生い茂っている。

第5章　マイパブリックとグランドレベル

くまで一軒一軒が、自らの楽しみのように、外観を積極的に設えている。こうした市民による、自由で能動的なマイパブリックづくりの結果、個々の境界を感じることなく、まちとしてシームレスに、つながりをもった光景が続いていくのだった。

いきいきとした個性が感じられ、ただそこにいるだけで楽しいまちとは、建物の持ち主やその地域の住民たちが、自分のこととして当たり前のようにまちをつくり、設える一員となっている。行政か住民かにかかわらず、彼らはそうすることが、自らの土地や建物の資産、あるいはコミュニティの価値を、維持向上させることになるのだと、よくわかっているのだ。具体的なデザインや手法に違いはあれど、グランドレベルをどうするべきか、という意識が高い世界の都市は、西洋も東洋も関係なく、まちそれぞれの個性、そこに暮らす市民ひとりひとりの個性が活かされるかたちで、エリアを躍動させている。

9　グランドレベルが死ねば、まちは死ぬ

いきいきとした都市として印象に残ったまちを思い返して痛感するのは、そのまちのグランドレベルには、そのまちの公共のかたち、そのまちの価値のかたちが表出しているということだった。グランドレベルを一目見れば、そこの人々がまちに対してどのくらい能動的に参加しているかが伝わってくる。家族や友だちだけでなく、第三者ともコミュニケーションできること、多種多様な人々のふるまいの中であっても、邪魔や干渉なく自分の居場所が保たれること、その状況を互いが許容していること。そうした公共性がまちのなかに実現されているからこそ、ひとがまちにいきいきといられる。そんなグランドレベル

のことを、わたしは「グランドレベルが生きている」と表現している。

一方で、ろくに手入れもされない植栽や、張りぼてのきらびやかさがしらじらしいマンションのエントランスロビー、目隠しシールが張り巡らされた雑居ビル1階の事務所、ベンチひとつない広場、ひと気も色彩もないモノトーンの街並み……グランドレベルの大切な部分が、驚くほど黙している風景に出会うことがある。わたしはそうした、人々の気配や暮らし、活動が感じられないグランドレベルの状態を「グランドレベルが死んでいる」と表現している。

ご近所づきあいがわずらわしいと感じるひとが増えている現代であったとしても、ひととの関わり方や距離感に嗜好の違いがあるだけで、ひとは根本的に"ひとがいる場"が好きなものだ。ひるがえって日本では、あらゆるエリアのグランドレベルが死んでいるのだが、その根本的な原因は何なのだろうか。

量産され続ける"死のまち"

誘い続ける"生きたまち"

第5章　マイパブリックとグランドレベル

死んでいるグランドレベルには、ひとがいない。たとえば新築マンションが建ち並んで、エリアの人口も大幅に増えて、ピカピカのエントランスホールがいくら続いていても、まちの水平方向には、ひとが見当たらない。まちの表面こそグランドレベル、つまりわたしたちが「まち」と呼んでいるものなのだから、そこに居場所がない、いられないということは、もはやまちが死んでいるということだ。そういうまちに暮らす人々はたいてい居場所を求めて、建物の中、ファミリーレストランやショッピングセンターに籠もる傾向にあるようだ。ひと気のないまちでそうした施設に立ち寄ると、驚くほど多くのひとで空間がビッシリとしている。まちのなかに居場所がないということは、グランドレベルの死、まちの死に直結している。

　では、それを解消するためには何が出来るのか。居場所というのは、何もオープンカフェを誘致するとか、そういうことだけではない。居場所とは、飲み食いや消費をする場所だけではない。「何の目的もない」「具体的な行為をしていない」といった、からっぽの状態でもそこにいてもいい、という状況こそ、さまざまなひとにとっての居場所であり、まち本来のあるべき公共なのではないだろうか。

　まちでひとが何をするか考えるとき、働くとか歩くとか、言語化できる具体的な行為ばかり想定してしまうのは、無意識に、ひとがみな健康であることを前提としているからだと思う。人間はもっと、時として不健康であり、ぼんやりしている。わざわざ言語化されないような、ささやかな動作や、動機や目的が自分でもよく分からないような、思いつきの行動をとることも少なくない。さらに今後、少子高齢化に拍車のかかる、日本を含んだ21世紀の先進諸国は、社会に生きるひとの前提として、紋切型の健康な成人を想定していては、現実とズレていく一方だ。ひとがもっと弱々しく、何をするでもない、何とも言語

化できない曖昧な状態でそこにいる、ということを、主軸に置いて考えていかなくてはならない。

　バリアフリー化を徹底することや、エレベーターの増設といったことを訴えたいのではない。もっともっと、初歩的な部分でできることがあるし、多額のおかねをかける必要もない。そういったささやかで、すぐにできることこそ最も見落とされている。

　たとえば、ベンチひとつでいい。実際、台湾も、後述するコペンハーゲンも、まちを歩けばどこもかしこもベンチだらけだ。ニューヨークでは、市の政策でベンチを積極的に設置するプロジェクトが行われている（参照：第6章　IDEA1）。

　健康で元気なときだけでなく、弱く不安定な状態でも、安心してまちにいることができる。まちとひととのやさしくて前向きな関係は、ベンチひとつからつくることができるのだ。ベンチを重要視するエリアの人々は、そのことをよくわかっているようだ。町並み、景観、自然、緑化と言えば、さもまちづくりを行っているように聞こえるが、もっ

左：グランドレベルでまちを観察していると、交差点や歩道で、座るところがなくて困っている高齢者を、何度も目にするようになった。電柱やガードレールなどに身をゆだねるしかない。右：台北の永康公園。公園とまちとの境界がシームレスだから、人々は自然と公園に吸い込まれる。大きな樹木の木陰には、いくつものベンチが。ひとりのひとも、誰かと一緒のひとも、高齢者も働くひとも旅行者も。全てのひとにとって、そこは気持ちよい居場所だ。

第5章　マイパブリックとグランドレベル

と小さくても、もっと必要なことがある。何よりもまず、まちにつくられるべきものは「ひと」の居場所である。日常的に、まちにひとがいられる状況をつくることなのだ。

10　エリアの価値はグランドレベルにある

　つい先日、近所でこんなことがあった。東京都中央区、公園のはす向かいに建つある集合住宅の1階には、長年、まちのひとに愛されていた喫茶店があった。窓越しにくつろぐ人々をちらりと見かけては、こちらもくつろいだ気持ちになって、通り過ぎていったものだ。しかしある日、その喫茶店は入居している建物ごと、壊されてしまった。その後、新たに建てられたのは、今時どこにでもある近代的なマンション。1階で喫茶店の代わりにつくられたものは、つるつるピカピカのエントランスと、誰も使うことのない張りぼてゴージャスなロビー、そして数台分の駐車場だった。人々のくつろぎも、通りがかりでくつろぎのおすそわけをもらえることも、なくなった。またひとつ、まちでの居場所が消えた。

　開発の名の下、日々このような新陳代謝が、日本のどこかで起き続けている。時代の移り変わりや不動産価格の変化など、社会的背景を鑑みて、一瞬仕方のないことに思えるが、まちに開いた1階が、閉ざした1階へと変わり続けていくとまちはどうなっていくか。かつてあった賑わいやくつろぎだけでなく、それを感じながら行き来する通行人の気分の良さまでも途切れ、もう戻らない。行き着く先は、まさに「死のまち」だ。新しく建物をわざわざ建てるのに、ひとを寄せ付けない、使わせないグランドレベルをつくり、まちを殺していく。なぜ

142　　グランドレベル編

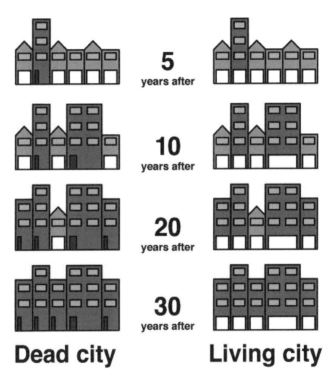

例えば東京では、1階にお店を持つ建物が壊されて、1階にエントランスのみを持ったペンシルマンションが建つことが多い。開いた1階が閉じた1階へと変わり続けると、どうなるのか。その行き着く先は、まさに「死のまち」。

だろう。まちにおけるひとの居場所、まちで過ごす気持ちよさを提供できないということは、すなわち、エリアや物件の価値が下がることにつながる。結果、自分の首を絞めることなのに。

　建て替えることが悪いのではない。マンション、オフィスビル、商業ビル……どんな施設、どんな建物であれ、1階そのものにパブリックマインドを持たせ、ひとが立ち寄ったり関わったりできること、またそこまで直接的でなくとも、周囲の人々が気持ちよく過ごせること。そんな「余地」をつくることは、どんな施設でもできる。1階づくりが日常づくりとして実現されれば、まちは生き続けることができる。まちのために犠牲になれと言いたいのではない。そのまちの居心地を考えることは、自分の不動産価値そのものの維持向上につながることなのだ。

11　グランドレベルと社会問題との密接な関係

　グランドレベルの視点を持つということは、地面に存在するさまざまな建物、施設、スペースを「串刺し」にして考えられるようになるだけではなく、社会そのものを「串刺し」にする視点を持つことと同義だ。あらゆる物事を単一で捉えるのではなく、すべてが互いに影響し合い、流動的な状態の均衡を保とうと、さまざまなバランスがグランドレベル上では、働いている。それはつまり、グランドレベルのつくられ方によって、そのまちを形作るあらゆる物事が、変容することを意味する。

　たとえば、テレビから流れてくるさまざまなニュースを「グランドレベル」で解決できないかと、考えることがある。孤独、自殺、虐待、

144　　グランドレベル編

過疎、教育、雇用、地域活性化……どれも、考えれば考えるほど、グランドレベルに存在するさまざまなものの開き方、マイパブリックの精神を持っているかどうかによってコントロールできるものばかりなのだ。

　さまざまな社会問題は、ひととひととの間、ひととまちとの間で発生している。だからこそ、ひととひと、ひととまちとが接する部分を健全な状態にしておくことが、健全な社会づくりの基本なのではないだろうか。それはつまるところ、グランドレベルを「生きたまち」にしておくということだ。グランドレベルが「死んだまち」では、ひとは安心・安全に暮らしていくことができない。

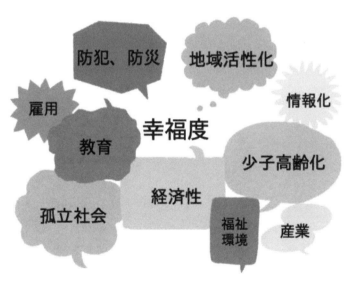

社会のさまざまな問題の原因のひとつは、グランドレベルの在り方にあることを意識することが大切。

12　グランドレベルと幸福度の関係

　デンマークという国は「幸福度ランキング」世界１位の国としても有名だ（近年は、2013年、2014年、2016年で世界１位）。その理由としては、労働時間の短さ、女性の就労率の高さ、教育・医療・介護の保障の充実など、さまざまな要因が言われている。ちなみに日本は53位（2016年世界幸福度リポート）。では日本は、どのように幸福度を上げることができるだろうかと考えたとき、いつも制度や政策、もしくはインフラの話になりがちだ。はたして本当にそうなのだろうか。

　2016年に、コペンハーゲンに１週間滞在し、まちを何キロも歩き続

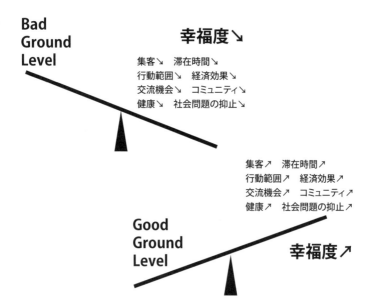

けたことがある。そこで目の前を流れていった街並みの風景は、その社会がいかに豊かかを物語るものだった。まちの中心部にビルを建てず、都市のアクティビティを高めている公園の存在、小学校全体をまちに開くことで地域再生を図っている事例、ランドリーカフェの外に設けられたベビーカー用のスペース（このランドリーカフェの内部もまた、素晴らしいものだった！）、綺麗な風景を眺めながらの散歩やジョギングなどで、いつもひとが行き交う水辺、まちに対してオープンな１階が途切れない町並み……。そして、わかった。グランドレベルのつくられかたや充実度は、制度や政策と同様に、実は人々の「幸福」に、大きく影響しているものだということが。生きたグランドレベルが創り出す、"誰をも受け入れる"という許容の設えが、制度や政策同様に、人間が暮らすためのまちには、まず必要なことである、と。

　この話は、２章で取り上げた「アドラーの幸福三原則」にもつながる。「自己受容」「他者信頼」「他者貢献」の３つが実現できれば、「自己への執着」を「他者への関心」に変えることができると、アドラーは説いている。そして、その先に他者を仲間とみなし、「自分の居場所がある」と感じられるようになると。これはそのまま「まち」に変換することができる。つまり、幸福のまちには、あまねく人々が「自分の居場所がある」と感じられる。これはマストなのだ。

　「生きたグランドレベル」とは、「出会う」「くつろぐ」「遊ぶ」「話す」「食べる」といった行動を誰しもが能動的に自然と実現できる「場」。それを高い密度で持つエリアは幸福度が高まり、その逆に、ほとんどないようなエリアは、幸福度は下がるのではないだろうか。もちろん、きちんとしたデータと指標を持って測ったわけではない。しかし、事後的に調べるとグランドレベル大国の台北の幸福度がアジア・ナンバーワンだったり、アメリカ・ポートランドの幸福度の高さが語られるこ

第5章　マイパブリックとグランドレベル　147

とと、それぞれに生きたグランドレベルが満ちていることには、大きな相関関係にあることは、想像に難くない。

　グランドレベルを人々の生活のために、きちんと整え、いきいきとしたものにすることは、巡り巡って、社会や地域のあらゆる問題の解決につながっていく。今こそ、一個人から、企業、行政まで、立場を越えて、すべての人々が、この視点に意識的になることが、これからの時代に「幸福」なまちを築く上での重要なポイントになるのだと思う。

13　「禁止」のためのルールか、「自由」のためのルールか

　社会のさまざまな問題と関係が大きいからこそ、グランドレベルでのコミュニケーションが叶うべく、国や行政が法的環境を整えていく。市民自身が使い方を変えていく。そうして生まれた光景が、まちのアイデンティティとなっていく好循環を生み出している例も珍しくない。そのような例の多くは、海外に見ることができるが、そのようなグランドレベルをつくるポイントのひとつは、ルールづくりにある。と言っても、ただルールをつくればいいわけではない。管理体制をラクにするため、面倒が起きないようにするため、とりあえずいろいろと禁止しておく日本でよく見る「禁止」主導のルールではなく、このぐらいまでならやってもいいよ、という「自由」主導のルールが必ずといっていいほど、そこにある。

良いグランドレベルをつくる基本

× 「禁止」主導のルール
○ 「自由」主導のルール

　その好例のひとつを、デンマークの首都コペンハーゲンで見かけた。

　デンマークは、地上階はもちろんのこと、マンションやオフィスに関わらず上階であっても、部屋のカーテンを開けて、室内の暖かなインテリアを道路側に向かって見せていることが多い。はじめてコペンハーゲンに降り立ち、夜の街を抜けるタクシーから外を眺めていたときに、マンション、銀行、オフィス……、さまざまな建物の窓枠の中に、次々と美しい灯りとすてきなインテリア、そして人々の営みが目に飛び込んできたことに、もはやショックに近い感銘を受けた。

　北欧の真冬という雪の降りつむ極寒の季節であったにもかかわらず、まちの路上では、飲食店であれば大小に関わらず、どこも店先にテラス席を用意していたことにも、驚かされた。さまざまなテラス席がグランドレベルに並ぶ様は、店というプライベート、路上というパブリックの境目があいまいになっているというゆるやかさの連続だった。その光景には、外来者のわたしでさえまちに立つ誰しもが受け入れられているという"公共感"に包まれ、実にのびのびとした気持ちにさせられるのだ。「受け入れられている」。この心理的な状態は、人間が真の意味で豊かだと感じることにつながっているのかもしれない。

　タイル３枚分のスペースがあれば、そこは席になる可能性のあるスペース。歩道に敷き詰められた石畳の色が使い方のガイドとなってい

第5章　マイパブリックとグランドレベル　149

るようだ。

　しかし、それにしても、すごい数。街中がこういう状態なのだから。どの店舗も、テラス席づくりをただ自由に行っているのだろうか。それとも何らかの手続きを行い、道路使用許可をとっているのだろうか。その辺のルールが気になって調べてみたところ、次のようになっていた。

　まず店側から行政へ申請し、ライセンスを取得した上で、テラス席を出すことの許可を得る。かつてコペンハーゲン市はそのライセンスを有料としていたらしいが、現在はライセンスこそ必要なものの、その許可は無料となっていると聞いた。店舗側にとってテラス席は、第二の看板。シズル感のあるテラス席はひとを惹きつける。また行政は、

コペンハーゲンのレストランやカフェでは、どんな小さなお店も歩道に席を設けている。歩行者通路を挟み込んで席を設けるパターンもある。

グランドレベル編

ライセンス制にすることで、市内の外席の数をすべて把握していたという。そしてわたしたちのまちは、素敵なテラス席をこれだけ確保しながら、世界からの旅行者を待っています！　そんなメッセージが街を一瞥してわかるような様子を戦略的につくり出した。人々がくつろぐ姿がまちに溢れる日常的な情景そのものを、観光的、経済的メリットとも捉えたのだ。

　まさに、これをしては駄目だよという「禁止」主導のルールではなく、何かを自由に使ってもらったり、楽しんでもらうための「自由」主導のルールづくりが、豊かなグランドレベルをつくっている。日常の質の高さや豊かさを感じられる都市は、グランドレベルにこそ社会の質や豊かさが反映されることを、よくわかっている。だからこそ、行政も戦略としてグランドレベルのつくり方を考える。在住者から勤務者、学生、子どもや老人、障がい者から観光客まで、あまねく人々からどのようなグランドレベルであるか、が問われているからだ。

　テラス席だけではなく、グランドレベル上に、職場や学校から家への帰り道、１回でも声を掛け合える場所があったり、１箇所でもふらりと立ち寄ることが許されている場所があったり、１度でも様子を覗いて安心できる場所があるなら、旅行者へのアピールだけでなく、何よりもそこに暮らす住民の生活の質が高まることは間違いない。グランドレベルの豊かな都市は、現代社会の抱えるさまざまな病が、良質なグランドレベルによって防止、改善できることを知っているのではないだろうか。そして、グランドレベルの豊かさは、社会や生活そのものの豊かさに、限りなく近似していることを。

第5章　マイパブリックとグランドレベル

$$\begin{matrix} \text{グランドレベルの豊かさ} \\ \fallingdotseq \text{生活の豊かさ} \\ \fallingdotseq \text{社会の豊かさ} \end{matrix}$$

14　そのまちを変えるのはあなた

　まちが公共的に感じられないのは、なぜだろうか。

　都心では、地価が高騰し単純な利益を追求するあまり、街路はマンションのエントランスだらけになり、また、浮浪者や不審者を排除する流れも加速して、まちには、ちょっと腰掛けられる場所すらない。結果、大手資本しかまちの風景に参加できなくなり、見える看板は国道沿いなどのロードサイドと変わらなくなっている。個人とまちの関係を取り持つものが、ほとんど見当たらなくなってしまったかのようだ。

　その反動もあってか、近年地方都市の可能性が着目されるようになった。地価が安価なことが若者のスタートアップを可能にさせる、つまりひとの個性が露出しやすいだけでなく、本来そのまちが持つ個性を出せる、古くて小さな建物も多い。そこには、ヒューマンスケールの規模感がまだ、生きている（もちろんこうした現象は、経済が大きく疲弊していることと表裏一体なので、必ずしも諸手を挙げて喜べることではないが）。しかし、さまざまな地方都市へ行ってみると、この状況を利用できていないまちも多く、もどかしい気持ちになることが多い。人口密度は目に見えて低くなっていて、まさに変化すべきは「今」とい

152　　グランドレベル編

うタイミングである。にもかかわらず過去の成功体験を言い訳にして、変化のきかっけをつかみ損ねがちなのだ。都市で、地方で、もっと言えば、まちのひとつひとつですべきことも、できることも違っている。

これからの時代に行政や企業が主導して大きな冒険に着手することは、期待できないと思う。海外のようにひとつのヴィジョンを持ちながら、事例に学び研究を重ねて、戦略的かつポジティブにまちを変えていく。そのような流れへの兆しは、今のところ感じられない。日本ではどうしても先手、先攻によるリスクを過剰に怖れる傾向にある。ただ、ここでは、それを責め立てる気はない。どちらかというと日本では、市民の要望や既成事実から仕組みをフィットさせる「後追い型」であることを許容したうえで、一市民としては、行政のそういった性質、性格との付き合い方を考えていかなくてはならない。そしてわたしたち市民がまちにコミットするため、最初に手がけるべきこととは、自分が暮らすうえでまちに望むことはどんなことか、どんなまちになっていったら幸せなのか、という具体的なヴィジョンをはっきりさせることだ。

誰がまちをつくるのか？

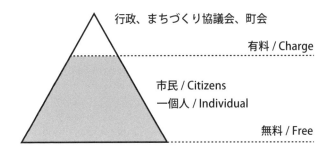

そして、そのヴィジョンに則ったことを、実際にやってみるのだ。ベンチがもっとたくさんあればいいのに、と思うなら、まず自分の家の軒先にひとつ、自分で置いてみる。緑がもっと多ければと思うなら、玄関先から彩ってみる。街灯が少なくて暗いと感じるなら、敷地の際(きわ)

左上：大宮駅近くの歩道に設けられた石の筒型ベンチに座るおばあさん。1個しかないため、座ることを諦める老夫婦もいた。右上：川崎駅前にはベンチがひとつもない。駅ビルの壁を背にしゃがみ込むひとをよく見かける。下：台湾・台北の永康街はカフェで溢れている魅力的なエリア。路地に入ってもこうしてちょっとしたベンチがマイパブリックのマインドでまちにふるまわれている。この姿勢がまち全体、社会全体で共有されている。すばらしいことだ。

154　　グランドレベル編

に私設外灯をひとつ、立ててみるのはどうだろう。自分のために設えるだけでなく「自分のような誰か」に与えること。これこそが、まちの変革に、今すぐ参加できる術なのだ。

マンションなどの集合住宅に住んでいて、建物とまちとの交差点であるグランドレベルに自分の土地がない場合は、パーソナル屋台を自分が気になる場所、変えたいと思う場所で展開するという手もある。行政でも、企業でも、町内会でもなく、もっともっと個人のレベル、一人の人間として、わたしたちはまちを変えることができる。まちは、あなたのステージでもあるのだ。

15 「まちづくり」という言葉のワナ

「まちづくり」。この言葉を聞かない日が珍しいほど、今やどこもかしこも「まちづくり」に興味津々な時代。これからの日本は、地方創生しか拠り所がないと言われるのだからなおさらだ。

しかし、「まちづくり」とは何か？と聞かれて、すぐに答えられるひとは、どれだけいるだろう。デベロッパーはマンション建設やイベント開催を、行政はリノベーションや公共施設の集約、地域資源の活用を、学者はマネジメントを、市民は公園に花を植えることを、「まちづくり」と言う。「まちづくり」という言葉を使うことで、一見その概念を共有できているように思うが、ほとんどの場合、それは錯覚だ。まさに「まちづくり」という言葉は、マジックワードなのだ。

実は、この「まちづくり」という言葉は、とても近代的なものだ。その背景には、「都市計画」という言葉が、1919年の旧都市計画法の公布時に生まれたことがある。この「都市計画」という国や行政からのトッ

第5章 マイパブリックとグランドレベル 155

プダウンなつくられ方に対して、市民主導のボトムアップ的なつくり方があるべきと、1960〜70年代に「まちづくり」という言葉は誕生した。しかしそもそも、このトップダウンかボトムアップか、官か民かといった二項対立をはじめとした捉え方が、「まちづくり」という言葉の「まち」と「つくる」が、何を指すのかをわからなくさせている。

　しかし、グランドレベルという視点で「まち」を観察しはじめると、すぐに「まちづくり」の真理に気づくことができる。それは、原則わたしたちが求めているのは、"自由が許された、居心地の良いグランドレベル"なのだと。だから、デベロッパーが高層マンションを建てても、行政がリノベーションでまちを変えても、市民が公園に花を植えたとしても、"自由が許された、居心地の良いグランドレベル"が、生み出されなければ、それは「まちづくり」ではない。自由が許されたグランドレベルに、人々の能動的な活動を表出させること、それこそが「まちづくり」における、絶対必要条件なのだ。

16　過去が今をつくり、今が未来をつくる

　2014年にアメリカのポートランドを訪ねた。当時、人口が約60万人だったポートランドは、毎週約500人のペースで人口が増加し、全米で最も住んでみたい都市に選ばれていた。そこには、自分たちが暮らすまちのことを自分ごととして捉え、まちに自分の意思を反映させることが、自然な営みとして行われている理想郷があった。そこでは、日本のあらゆる都市にありがちな、ある種の窮屈感は皆無。ポートランドのどこを探ってみても、立ち現れてくるのは、市民のちょっとした生活行為から、都市全体のつくられ方までもが、虫の目と鳥の目を行

き来しながら、さまざまなフェイズで戦略的につくられているということだった。カルチャー、クリエイティブ、市民参加、食、アウトドア、DIY精神、自転車、都市再生、オーガニック、サードウェーブ、リノベーション、地産地消、アート＆クラフト……。ポートランドを象徴する魅力的なキーワードが尽きることがないわけは、そこにあったのだ。

　ポートランドのさまざまな施設や行政組織、市民団体などを巡る中で、これほどまでに理想的な都市をつくりながら、それでもなお抱える問題、あるいはこの先抱えるであろう問題を捉えて、「今」真剣に取り組む姿勢に感心した。過去が今をつくり、今は未来をつくる。考えてみれば当たり前のことを、本気で捉え実践し続けるからこそ、この理想都市は実現されている。ポートランド市民たちは、今の豊かさは過去の実践によるものだということを、まさに脳と身体で理解してい

ポーランドのまちなみ。（photo=Joe Shlabotnik）

るようだった。

　ポートランドが、ここまで市民を魅了し続けるひとつは、これもまた"グランドレベルのつくられ方"にある。特に中心部は、人間の心理を巧みに計算して1ブロックが61メートルと歩きやすい区画になっていて、道路幅も20メートルと心地よいヒューマンスケールになっている。歩いているとすぐに街角が現れる。そしてそこには、必ずといって良いほどカフェがある。歩くためにつくられた街では、人々は自然とゆっくりと歩いてしまう。だから、グランドレベルに広がる風景に目をやる時間が増える。ショーウィンドウや看板、すれ違う人々、次の路地に広がる風景、さまざまなものが次々と目に飛び込んで来る世界がそこにはあった。

　そして、極めつけは、建物の1階。そのほとんどすべてが、カフェや店舗、飲食店になっている。これは街区によっては完全に義務化されていた。理想都市ポートランドは、グランドレベルのチカラを科学的に分析し、計画し、実行してきたからこそ、誕生したと言っても過言ではない。そして、その裏には、1992年に制定された50年後の都市のヴィジョンを描いた「リージョン2040」と、各政策を実行してきたポートランド市開発局（PDC）の存在があり、さらなる未来の都市づくりのために、今もなお戦略的な開発が進められている。

17　今こそ日本の都市政策にも"1階づくり"を

　もちろん日本でも、国や各市町村が、数十年後の未来を見据えたさまざまなヴィジョンを、マスタープランとしてまとめている。わたしたちは、ホームページなどを通して、それらを簡単に読むことができ

る。しかし、あらゆる市町村のそれらを読めば読むほど、愕然とさせられるのだ。

　たとえば、地方都市のものをのぞき見ると、「市民主体のまちづくり」「都市機能の強化」「資源・産業の継承・発展」「地域資源を活かした活力の創出」「安心安全なまちづくり」「子供の教育」「市民の健康づくり」といった言葉が、また首都東京においては、「世界一魅力的な活動拠点」「健康寿命世界一の環境都市」「活力の増進」「国際的ビジネス拠点の創出」「イノベーションの創出」「憩いの場の創出」「交流を促進する地域構造」「個性ある多様な拠点の形成」といった言葉がちりばめられている。言葉はどれも立派だ。それらの言葉を拠り所にした鳥の目による線が、そのままわたしたちが暮らすまちの地図上に引かれている。しかし、このような言葉は、ヴィジョンと言えるのだろうか？　そう、日本におけるまちや都市にまつわるヴィジョンにはいつも、虫の目ならぬ人間の目、ヒューマンスケールの目、つまりグランドレベルのつくられ方に対する具体的なヴィジョンが欠けている。

　たとえば、ポートランドでは、１階のつくられ方に対してさまざまな制限が設けられている。そこを店舗や飲食店にしなさいということだけではなく、１階の軒高から看板の大きさや位置、あらゆるデザインコードが決められている。もちろんそれらは"規制"ではない。景観を守り、まちのアイデンティティを保ちつつ、１階を、グランドレベルをより自由に、豊かに、事業者や市民に使ってもらえるようにするためのルールだ。

　ルールとは、あればよいわけではない。意義ある規制とは理念から始まり、倫理、秩序へとつながりゆく。ただの禁止は傲慢、怠慢なだけなのだ。

　東京も地方も、都市再生、まち再生のキーワードはグランドレベル

にある。だからこそ、向かうべき方向にそったグランドレベルのヴィジョンを、どのマスタープランもきちんと組み込むべきである。世界で注目される都市が、さまざまな魅力的なグランドレベルをつくっているように、これからは、それを実践するまちが、どんどん注目されていくことになるだろう。

18　グランドレベルの視点は世界標準

　グランドレベルの視点とは、要は目に入るレベルのあらゆる施設や場所を串刺しにして、一続きのものとして捉え、互いの良質な関係性を意識しながら、そこでの行為や場所のデザインをしていくべきだということだ。わたしは日本の社会や風景に問題を感じたからこそ、その考え方からグランドレベルという会社を立ち上げた。

　しかし、設立後ほどなくして、世界のさまざまな事例を研究していくと、驚くことがあった。それは、わたしが構築してきたグランドレベルの視点というものは、すでに圧倒的な世界標準となりつつあるということだった。世界ではグランドレベルの視点を共有した上で、研究と情報交換、人的交流が国境を越えて日々行われていたのだ。

　世界にあるグランドレベルの視点を持った団体やメディアを見つけるたびに、世界には同志がいた！と嬉しい気分になる一方で、そこで発信されている情報を読み込めば読み込むほど、そこに取り上げられる世界のあらゆる都市の事例の中に、日本のものはほとんど見られないことに、遅れをまざまざと見せつけられる思いがした。まるでグランドレベルという名のオリンピックが開催されているのに、日本人は誰も参加していないような状況なのだ。日本が取り残されたこの状況

160◎　**グランドレベル編**

を何としても変えなくてはいけない。わたしはこれから、こういった世界のひとたちとも積極的に交流していき、世界と日本との橋渡しもしたいと考えている。

これは裏を返せば、日本のまちや都市を巡る行政の世界も、学問の世界も、未だ縦割りからまるで脱することができていないということに他ならない。世界はその逆。まちづくり、都市づくりは、行政も研究者も開発業者たちも人間のために何をすべきか、という哲学とアイデアを紡ぎ出す。さらに国境を越えてコミュニケーションし合う。よりよい社会へ向けてお互いに切磋琢磨していこうという熱気で溢れているのだ。どうりで世界のまちは、先を行っているはずである。

さて、では世界には、どんな組織やメディアがあるのだろうか。ここでは、本書で述べてきたグランドレベルの視点にも通じる、世界の組織や団体を紹介したいと思う。

The City at Eye Level（https://thecityateyelevel.com/）

「すばらしい風景の通り、長く過ごしたいと思わせる場所、ビルと

建物の間のヒューマンスケールによる相互作用、ユーザーによる能動性、プレイスメイキング、アクティブな地上階など、すべてはアイレベル、人間の目線から視たまちなのです。（中略）わたしたちは目の高さで都市を改善し、ヒューマンスケール、相互作用（インタラクション）、人々の経験が発生する公共空間を創造することを目指しています。」The City at Eye Levelのサイトは、世界中の都市や通り、さまざまな場所を改善するためのソースをまとめ、ネットを通じてオープンにしている。その後に続くテキストも、グランドレベルとほぼ同じ捉え方を述べている。

「SHARE KNOWLEDGE」のコーナーでは、世界の90人からなるコントリビューターによって執筆されたという具体的なソースが項目別に説明されている（この後、取り上げるProject for Public Spacesなども参画している）。考え方から詳細な寸法に至るまで、丁寧に説明されているそのクオリティの高さには驚くばかり。日本のまちや都市をつくることに関わるひとたちは、全てを熟読すべき。とにかく今すぐに見て欲しい。

The Center for Active Design
（https://centerforactivedesign.org/）

　「アクティブデザインセンター」は、ニューヨークに拠点を構える非営利団体。ここではグランドレベルの視点は、アクティブ・デザインという切り口に変換されている。

　アクティブ・デザインとは、都市や建築の環境が、健康増進に大きな影響をもたらすという考え方がベースとなっていて、肥満や慢性疾患への対策としても効果的ツールとされているもの。ニューヨーク市は環境デザインの戦略のひとつとしてアクティブ・デザインを掲げて取り組み、この組織はその中心を担う。

　ここで取り上げられている世界のさまざまな事例が実に多彩で面白い。公的なもの、私的なものにかかわらず、いかにつくられるデザインや空間が、人々の日常的な生活においてどれだけ魅力的なコミュニティを育めているのかという視点で発信されている。そこに取り上げられるものは、実際にまちや建築やパブリックスペースをつくる作り

手が思わず参考にしたくなるようなものばかりだ。

　さらに年に一度開催されている「Excellence awards」は、健康的なコミュニティを創造したものに与えられる賞で、世界中の公園から建築、まちづくりまで、さまざまな事例がノミネートしている（アジアでは中国が受賞しているが、日本はまだ見当たらない）。この賞には、著名な建築ウェブメディアから、CNNや雑誌「TIME」などが協賛していることからも、この団体やアクティブデザインという分野そのものの社会的立ち位置の高さを垣間見ることができる。

Project for Public Spaces（https://www.pps.org/）

　Project for Public Spaces（PPS）は、1975年に設立された非営利団体。より強いコミュニティを構築するためのパブリックスペースをつくることを支援し、世界中のコミュニティを協働しながら企画、設計、

164　　グランドレベル編

教育の支援までも行っている。こちらも拠点はニューヨーク。

アプローチの軸は「プレイスメイキング」。「プレイスメイキング」は、日本では2014年ごろから耳にすることが多くなってきたものだが、「場づくり」や「居場所づくり」などと訳されることが多く、ただのイベントづくり、ひとの賑わいづくりと捉えられた試みが散見される状況になってきている。

わたしは世界のそれとは少しずつ齟齬が生まれているように感じている。PPSのサイトをくまなく見れば、対象エリアにおける市民の在り方から、そこに関わる市民の心の持ちよう、モチベーションに至るまでのすべてをシームレスに捉え、各フェイズのさまざまなデザインがどう影響されるのかが考えられていることがわかる。学ぶべきは手法以前に哲学だということをわすれてはならないだろう。

彼らは、これまで43カ国、3000以上のコミュニティと、アメリカ国内では、50の州でプロジェクトを行ってきたそうだ。現在は、世界中から900人以上のメンバーが参加し、情報交換と実践を継続している。

第5章 マイパブリックとグランドレベル

SPUR（http://www.spur.org/）

　SPURは、サンフランシスコのベイエリアを対象とし、都市の研究、教育、政策提言を行う非営利団体。サンフランシスコ、サンノゼ、オークランドにオフィスを構え、それぞれに起こるさまざまな都市問題の解決策をつくり出す。特徴的なのは、市民からの窓口としてもきちんと機能しながら、年間200以上のオープンなイベントを開催していること。毎年のアニュアルレポートを見れば、そのクオリティの高さがわかる。また、日々さまざまな記事が発信されているが、中には「Ground Level」について書かれているものもあり（左写真）、はじめて発見したときには「同志がいた!!」と、思わず飛び上がってしまった。

166　　グランドレベル編

ポップアップシティー（http://popupcity.net/）

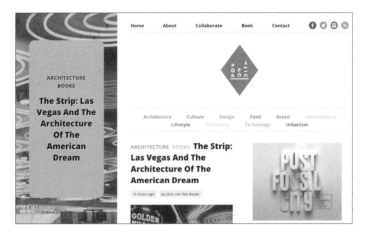

 Pop-Up Cityは、アムステルダムに拠点を置く都市デザイン・コミュニケーションエージェンシー Golfstromenが、2008年に立ち上げたもの。「もはや都市は、マスタープランと固定されたフレームワークではなく、都市をより良くしようとする人々による市民主導のイニシアチブと一時的なプロジェクトによって形成される」と謳いながら、都市そのものを建築やデザインだけではなく、文化、ライフスタイル、マーケティング、食、グリーン、テクノロジーと、さまざまな切り口による世界の事例を発信している。

19　大事なことは、すべてグランドレベルでやれ

 どんなことでも、とにかく大事なことは、1階で、グランドレベルでやろう。パブリックな「場」であれば、必ず1階で、グランドレベ

ルでやろう。働くひと、学ぶひと、遊ぶひと、そこに住むひと、子どもから大人、お年寄りまで、多くのさまざまな人々が行き交う場所に、できるだけ近いところで展開するのだ。

　日本では、多くのパブリックであるべきものですら、あまりにもグランドレベルからは目に付かないところに行ってしまっている。公民館や町内会スペースが閉じられた設えになっていたり、地域のコミュニティスペースを謳う場所が、ビルの一室にあることに、わたしは違和感を覚える。どれだけそこで楽しいコミュニティが生まれ、どれだけ笑顔いっぱいの写真がSNS上を賑やかしたとしても、本末転倒なのだ。その一瞬の笑顔溢れる写真がまちづくりの成果だとでも思われていたら、とんでもない話だと思う。こういった勘違いをしたまま"パブリックづら"、"まちづくりづら"を晒して、地域の小さな仲間内の絆の確かめ合いや、一過性のイベントを、腕試しのように行うことは、後進のためにも良い影響はない。やらないより、やったほうがマシという考え方も違う。

　もし、本当に地域に暮らすあらゆる人々を、分け隔てなく受け容れるパブリックな「場」をつくる気があるのなら、それはすべて誰からも見ることができるグランドレベルでやるべきなのだ。ビルの一室で一夜花咲いた、笑顔一杯のその賑わいなんて、地域の誰が知ることができるというのだろうか。

　パブリックというものは、その存在を知られなくては、意味がない。そこを利用するかどうか、そこで発生したコミュニティに直接関わるかどうかにかかわらず、そこ特有の性格をもった場があり、そこ特有の性格をもった活動が生まれているということを、関係のないひとさえ、視認しながら通り過ぎていくということが、大事なのだ。視認しながらも、関わらずに通り過ぎていった人々のうちの誰かは、次の機

会に、声をかけてみようと思うかもしれない。ずっと声をかけては来ないひとであっても、その場、そのコミュニティ、そのパブリックがどんな様子であるか断片的にでも記憶されることこそが、そのひとの中に、その「場」「コミュニティ」「パブリック」が、存在することになる。コミュニティとは「内」と「外」ではなく、コミット具合のグラデーションでゆるやかにつながり続けていることにこそ意味があるはずだし、パブリックとは、まずその存在があまねく知られることで初めて意味を持つのだ。秘密の、仲間内の、密室のパブリックなんてものは、パブリックではない。

20　効果的なグランドレベルをつくる3つの基本

　実際にまちのグランドレベルにマイパブリックを仕込むうえで意識すべきコツは、どんなことなのだろうか。それは「からまりしろ」「かかわりしろ」「つながりしろ」があるか、ということだ。これらは、自分や他者の意識や視線、行為、時間、あらゆる事象に関わることだ。グランドレベルでこの3つの要素が満たされれば、まちが醸成しはじめる。では、それぞれの要素を見ていこう。

① ひととグランドレベルが出会う「からまりしろ」

　たとえば、歩道の片隅にひとつのベンチを置いてみる。A看板を出してみる。あるいは、建物の1階にお店をつくってみる。1階にある事務所のガラスに張っていた目隠しシートをはずしてみる。すべては、行き交うひとの目に付き、対象に対して何か気になりはじめる。つまり、ここに生まれているのは、認知や意識の「からまりしろ」である。

第5章　マイパブリックとグランドレベル　169

そしてさらに、ベンチに座ったり、お店に入ったり、そこにいるひとに話しかけたり、対象に対して能動的な行為におよんだとき、そこは行為の「からまりしろ」となる。

「からまりしろ」とは、グランドレベルにある、さまざまな領域のエッジで生じるものだ。そして、明るさ、匂い、色、模様、素材感、コピー、看板、外装、内装、植栽、そしてひとに至るまで、エッジに存在するあらゆる要素のバランスによって、「からまりしろ」のパフォーマンスは決定される。同じ場所にカフェをつくっても、そのバランスによって売上げに差が出るし、同じ場所にベンチを置いたとしても、その心地よさや利用頻度に差が出るのは、そのためだ。つまり、良質な「からまりしろ」は、単純なモノのデザインではない、包括的（＝ホリスティック）なデザインによって実現する。そこには、五感による多様なコミュニケーションのきっかけが生まれる。

※「からまりしろ」という言葉は、2010年ごろから、建築家の平田晃久氏が、自身の建築論の中でよく使われてきた造語でもある。平田氏は、空間や建造物に周辺の環境と「からまる」ことができる「のりしろ」をつくる考え方とし、建築とは「からまりしろ」をつくることだと説く。今回、グランドレベルの考察から「からまりしろ」という言葉を紡ぎ出したが、そこで捉えていることは共通する部分が大きいだろう。

② ひととまちが一体化する「かかわりしろ」

あるとき、こんなことがあった。東京・日本橋の日本銀行の裏道を歩いていたら、地下の水道工事をやっていて、小さな一角が仮囲いで囲われていたのだ。どこにでもある光景。しかし、近づいていくと、ちょっとおかしな感じにすぐに気づく。仮囲いには、プロジェクトの説明が、とてもわかりやすく書いてあるとともに、いくつもの風鈴や大きな朝顔での緑化が施されているのだ。さらに、その先に、ホワイトボードが用意されていて、何でもメッセージをどうぞ、とあった。わ

Little Free Library(小さな図書館)は、アメリカ・ウィスコンシン州のハドソンではじまった。それぞれに彩られる家形をした小さな箱たちは、見ているだけでも楽しく、思わず興味を惹かれる。(photo=John Phelan)

たしは迷いなく、いつも素敵なグランドレベルをありがとうございます、と書いた。数日後、その場に戻ってみると、工事のおじさんからのお返事はもちろんのこと、周辺で働いているひとからであろう、温かいメッセージで溢れていた。

アメリカでは、「Little Free Library」という非営利の運動が広がりを見せている。住宅の玄関先に、小さな小屋がつくられていて、そこにはお気に入りの本が並べられていて、誰もが自由に本を借りることができる。いわば、家の中にある本のシェアを、家と道路のエッジを介して行うというものだ。

フランスのパリでは、まちの植栽のデザインや管理そのものを、市

民にまかせる「La Relève et La Peste」というプロジェクトが進んでいる。街中にある植栽ひとつひとつと、植栽の手入れに興味がある市民とをマッチングさせることによって、街中の緑を個性豊かなものにし、それがパリ中に溢れていくことで、ひとつの都市の魅力へと昇華させようというものだ。

まちのモノやひとに対して、自分自身が、能動的な行為を起こすことができ、さらに継続的に応答できることを、わたしは「かかわりしろ」と呼んでいる。「かかわりしろ」のデザインとは、物理的なデザインというよりは、ひとの能動性をより引き出し、まちに関われるシステムだ。「かかわりしろ」があることで、ひととその場の関係性がぐっと高まり、まちに対する愛が生まれる。そこには、まるでひとりの友達ができたかのような錯覚を覚えさせる力がある。

③ 面的な一体感をつくる「つながりしろ」

グランドレベルにあるさまざまな施設や空間は、皆、手と手を取り合ってはじめてその力を発揮するものだ。だから、それ単体では、もっている力の半分も発揮できないことが多い。

たとえば、街のなかにひとつの公園があったとする。この数年、公園内に民間のカフェを誘致したり、マネジメントそのものを民間にまかせて、効果的なイベントを打っていくことで、使われない公園を再生しようという試みが増えている。しかし、世界の公園を見ていくと、市民に愛され、使い倒されている公園は、そのような非日常のイベントごとがあるから賑わっているのではない。そこにあるのがまさに「つながりしろ」なのだ。

公園をとりかこむ、すべての建物の1階や、その先に広がるまちとのつながりがあるからこそ、公園が生きる。公園側に開いたコーヒー

屋があるから、そこでコーヒーを買って気持ち良い公園で佇む。公園の隣のエリアのグランドレベルに魅力的なショップやギャラリーが建ち並んでいるからこそ、それを楽しむ間に、公園で休む。

その施設、その空間が、単体で存在しているのではなく、「つながり」の一部としてそれがあることを意識し「つながりしろ」をつくること。たとえば、公園の壁となっている植栽を取り払うことかもしれないし、建物の１階を半屋外にして、ひとの居場所をつくることかもしれない。グランドレベルにあるすべての施設や空間が、「まち」というものを介してつながっていると捉えるならば、「つながりしろ」とは、グランドレベルの施設や空間と「まち」との間に、中間領域をつくるということだ。「つながりしろ」があることで、グランドレベルはより一体化し、人々のアクティビティを一層高めることになる。

「からまりしろ」「かかわりしろ」「つながりしろ」の３つがどうつくられているのか。この視点を持って、改めてあなたの住むまちのグランドレベルを、まずは観察してみてほしい。見せかけのデザインに騙されず、ひととの関わり合いの間で、じっと観察していくと、きっといろんな気付きがあるはずだ。中には魅力的なものも見えてくるだろうし、あるいは圧倒的に欠けている部分が見えてくるかもしれない。もし、欠けている部分があれば、手を加えなくてはいけない。そこには、その施設やエリアの価値をたかめる、効果的なスイッチが潜んでいるのだから。

21　グッドグランドレベルをみつけよう

そんなことを日々考えながら、一市民の目線でグランドベルを観察

し続けていると、わたしはいつの間にか、グランドレベルが織りなす、人々の営みの豊かさに感動するようになっていった。日本中、世界中、そんなグッドグランドレベルに出会っては、自然とシャッターを切るようになっていった。撮りためた何万枚もの写真を並べてみると、グッドグランドレベルに共通する、3つの特徴が浮かび上がってくる。

ひとつ目は、風景として美しいということだ。日々、日本のまちを歩いていても、旅先でも、そういったグランドレベルを目にすると、もはや写真を撮らずにはいられない。綺麗ということだけではない。居心地が良さそうだ、気持ちよさそうだ、と見ているこちらまで微笑んでしまう、そんな風景。この風景の一部にあなたもどうぞと語りかけられているかのごとく、ひとは思わず引きつけられる。

ふたつ目は、ずっといたくなる感覚に包まれるということだ。感じる風。何気ない、でも全く退屈しない、日常という空間。オープンテラスの椅子でも、カフェでもショップでも、一体的なグランドレベルは、時間を忘れて、立ち去り難くなる。

3つ目は、多様なひとの存在が許されている空気感で満ちているということ。つまり、多様なひとの多様なふるまいが、ぱっと目の前を見ただけで、さまざまに広がっている。多様性がまちの風景になっている状態は、そのまち、その社会が見えないところでも許容性が高くないと生まれないものであり、そのよろこびは誰でも直感的に感じられるものだと思う。

22　質の良い器であるために

時々、公共空間の使い方を市民にレクチャーしてください、という

依頼を受けることがある。だが実際、そのエリアを見てみると、市民が使えるような「からまりしろ」「かかわりしろ」「つながりしろ」なんて、どこにもなかったりする。そんなところで使い方の話をいくらしても、実践できないのなら、まちは変わりようがない。公共空間を活発に利用する市民が溢れるまちとは、そうしたくなるまちであることが大前提であり、まずまちそのものが、活発に利用する市民というものを受け入れる、「質の良い器」でなくてはならない。

　一枚の、素敵な皿を想像するといい。そこにどんな食材でできた、どんな料理を置こうか。カトラリーは、テーブルウェアは？　いつどこで、誰と、どんなふうにその食卓を囲もうか？……そう思わせる皿のような状況を、わたしは「質の良い器」と呼んでいる。

　「質の良い器」は、言い換えれば、補助線が引かれたキャンバスのことである。能動的に、自由に、と繰り返し言っても、なんだか抽象的で、つかみどころがないように思われるだろう。わたしは、あるベンチャー企業のCEOと話しているとき、そこがとてもクリアに理解できた。彼はある時、こうぼやいたのだ。「社員に、自由にやっていいから、と真っ白なキャンバスを与えてみても、戸惑われることが多くてね」。ああ、と気付かされた。自由が欲しい、自由にしてくれとひとは言うが、それは何も描かれていない真っ白なキャンバスのことではないのか、と。真っ白なキャンバスがいざ与えられたところで、その自由を喜んで楽しめるひとなんて、実は、そんなにいないのかも知れない。CEOは続けた。「うっすらと下絵を描いてあげたり、補助線を引いたりしないと」。

　わたしは、ひとの手で作り得る自由の本質とは、そういうことだと思った。ただのほったらかしではなく、緻密に計算されたうえでの、うっすらとした下絵や補助線一本で、戸惑わせるだけの「解放」から、

第5章　マイパブリックとグランドレベル　175

ひとがいきいきと躍動する「自由」に進化するのだ。「そこから先は自由」の「そこ」を見極めることが、人々の能動性を喚起するための設計だと思う。

　こうした設計がなされた「質の良い器」の状況をもった場であって欲しいのは、まちを司る行政だけではない。企業や学校など、ひとのいきいきとした能動性を喚起させたいと考える組織はすべて、コンテンツを用意し、必死で詰め込むことを一旦やめて、自分たちなりの「質の良い空の器」であるにはどうしたらよいか、考えるべきだと思う。前述したとおり、現代に生きるわたしたちはもう、受動的に生きながらえることには、飽き飽きしているからだ。しかし自分のまちが「質の良い空の器」といった状態ではないのなら、そうなることを待っていないで、まず自分でつくってみればいい。それがマイパブリックである。

　では具体的に、何をどのようにすると、マイパブリックが具現化できるのか。これまでにマイパブリックという概念がなかったわけだから、当然その事例やロールモデルは、まだまだ乏しい。ここからは、すでに先述したマイパブリック実践者たちの事例の他に、たとえばこんなことができるのではないか、というマイパブリックのグランドレベルにおけるアイデアを残していこうと思う。マイパブリックは、概念であり、精神だ。あなたという個人、あるいはまちというひとつのエリア、ひとつの企業、ひとつの施設、ひとつの国家……何だっていい。そのひと、その場所が、他人に与えられることとは、何だろうか。外と内、自分と社会。それらが自然にクロスする交点に、マイパブリックは存在する。

(((GROUND LEVEL)))

第**6**章

グランドレベルに
マイパブリックを！
11のアイデア

マイパブリックがあらゆるグランドレベルに溢れる。そんな建築・まち・都市こそが、21世紀の社会を、より魅力的に醸成させられる。最後の章では、マイパブリックのマインドがあればこそできるグランドレベルのつくりかた、その具体的なアイデアと事例を見ていこう。

[IDEA 01] ベンチを置く
ベンチが増えれば、すべてがアガる

すぐにできるアイデア。だが、マイパブリックのマインドがなければこんなことすら思いつかないし実践もできない、という好例だ。

世界中の都市を歩きながら、ふとまちに佇むひとつのベンチに出会うだけで、何かホッとするものがあるのは何故だろうか。異国の地、知り合いひとりいないまちででも、そういったベンチがひとつあるだけで、自分が受け入れられている感覚に包まれる。ベンチがある風景それ自体が、そこに自分が存在してもいいと言われているような、許容

第6章　グランドレベルにマイパブリックを！ 11のアイデア　177

された感覚を抱かせる。逆の見方をすると、ベンチをひとの目につく、気の利いたところに設置することがすなわち、あなたを受け入れていますよ、というメッセージを代弁することでもあるのだ。

　ベンチの機能について語るとき「座る」ことにばかり気をとられがちだが、実はそれに留まらず、「座る」ことを起点とした、計り知れないさまざまな効果がある。そのうちの、ほんのいくつかについて、ここに書いていきたい。

　ひとつは、人々のアクティビティを活性化させる効果だ。Ａ地点からＢ地点へ向かうひとが、その間に設置されたベンチを利用するようになると、ベンチに座りながら、今日はＣ地点に立ち寄ってみようか、とか、ベンチの前にあるコーヒー屋で一服していこう、とか、いろんなことを思いつく。ベンチでくつろぐ僅かなブレイクタイムが、そのひとのまちの中での行動を、より能動的なものへと促進させる。ただでさえ、ひとの滞留時間を奪い合うこの現代において、こんなにも自然で自由なかたちで、ひとを、ある地点に留まらせることができる魔法の装置は、ベンチの他にないだろう。

　ひとひとりに対しての効果だけでも絶大だというのに、複数のひとを想定すると、さらにその効果は複雑に膨らんでいく。ひととひととが対峙する頻度や密度が高まれば当然、声をかけたり、会話をしたりということが増えていく。そこから生まれる出来事も増えていく。まちの活性化とはそもそも、そういうことなのではないか。新規ビジネスをはじめることや、イベントで派手に演出することが、真のまちの活性化ではない。まずは、さまざまなひとが、そのまちを眺められること。特別な日にわざわざ観察するのではなく、日常的に、目に入ってくるようなかたちで。いいこともそうでないことも見つけられる、ちょっとしたきっかけが大事なのだ。そんなことが叶えられるものは、

やはりベンチしかないだろう。

　ベンチを置くことは、誰のためでもない。まちのひと、外からやってきたひと、身体の弱っているひと、そうでもないひと、お年寄りから子どもたち、ひとりでぼんやりするひと、親子連れ、恋人どうし……自分を含めたすべてのひとの日常に、ほんの少しの、だが確実な、豊かさへのきっかけをつくることなのだ。

　ベンチを置くだけだ。ただ置くだけのことだ。たったそれだけで、そのまち、そのエリアでの人々の滞在時間が増える。すなわち、まちの経済にも影響する。ひととひととの交流機会が増えることによって、コミュニティの醸成や防災防犯、さらには人々の健康といった医療福祉の問題にまで、その効果は波及する。ベンチ。しかし、なんと万能なやつなんだろうか。

都市戦略として2000以上のベンチを置きまくる、ニューヨークの意外な理由

　ここで改めて、あなたのまわりを見渡してみて欲しい。今日、あなたはまちの中で、いくつの、どんなベンチに出会っただろうか？ 座っただろうか。目についたというだけでもいい。あなたのまちの風景を思い出したとき、そこにはベンチがあるだろうか？

　世界の都市を歩いていると、どうやら日本はベンチ最貧国なのではないかと思われる。歩道に、あるいは広場や、ちょっとしたデッドスペースに、オフィシャルな形で設置されたベンチを、ほとんど見ることはできない。何ということだろうか。日本のまちでは、ベンチの偉大な効果を理解していないばかりか、浮浪者が居座るから、管理が

第6章　グランドレベルにマイパブリックを！ 11のアイデア　179

大変そうだから、ゴミや危険物が置かれる原因になるから、というネガティブな要素ばかりが心配され、ベンチからはじまるポジティブな可能性を、バッサリと捨てている。まちの可能性がひとつ消えることは、まちに住まう人々の可能性がひとつ消えるのと同義だ。そんな残念なことが、まちづくりなどと耳触りのよい言い方で呼ばれていたりする。

　一方で、ベンチの効用をしたたかに認識し、都市づくりの戦略に組み込んでいるのが、ニューヨーク市だ。ニューヨーク市では2011年から「CityBench」というプロジェクトがはじまっている。これは市内の５つの区に、莫大な数のベンチを、新規で設置しようというもの。プロジェクト発表時に、副市長は下記のように述べている。

　　「CityBenchは、すべての世代のニューヨーカーにとって、街をより楽しく歩きやすいものにさせ、街並みを向上させるものです。ベンチの設置場所は、バス停や商業地域の中はもちろん、市民からの要望を常に受け付けながら選定していきます。これらのベンチは、ただ休むことだけではなく、高齢者や地域住民が座り、家族のことや地域社会のことについて、隣人たちと楽しく話すことを可能にします」

　その裏には、アメリカならではの事情がある。医療費が高いニューヨークでは、病院にかからないように普段からいかに健康を維持向上できるか、が課題となっている。そこで「CityBench」では、ベンチを新設することによって、市民がより歩き回り、健康な生活を送れるまちにする、と謳っているのだ。「CityBench」によって、これまでに新設されたベンチの数は、なんと1500個！　2019年までにさらに600個

2015年9月22日、1500番目のCityBenchの設置したときの、リボンカットの光景。この日、citybenchに150万ドルの追加投資が発表された。(photo=New York City Department of Transportation)

が追加される予定だそうだ。

　「CityBench」で置かれるベンチとはどんなものかと見てみたら、期待を裏切らない、現代的で都会的、さらに普遍性も感じさせる、さすがと言いたくなるデザイン。単純に見た目がカッコいいだけではない。積もった雪が溶けやすくなっていたり、座った脇に荷物が置けるようになっていたり、コミュニケーションのしやすさが考慮されていたり、壊れた部品はそこだけ簡単に付け替えられるようになっていたりと、さまざまな角度から考え尽くされた、ニューヨークのオリジナルデザインなのだ。

　ベンチにとって本体と同じくらい大事である、具体的な設置場所についても、このプロジェクトは実に抜け目がない。ベンチの設置場所はウェブ上でマッピングされており、市民はそこにアクセスすることで、

ベンチの場所を確認できるだけでなく、新規で置いて欲しい場所をポイントし、ベンチの設置をオンラインで申請することができる。そこまで含めたトータルデザインが「CityBench」なのだ。ベンチの機能と効用を最大限に捉えて活かし、都市政策として展開する、ベンチプロジェクトの最先端がそこにある。

100年前、7000のベンチで変貌を遂げた セントピーターズバーグ

　ベンチと都市政策の関係を遡っていると、ある一枚の古い絵はがきが現れた。すさまじい数のベンチが歩道沿いに置かれていて、歩道を挟んだ建物の1階には、商店が連なっている。そこには、さまざまな

セントピーターズバーグのまちに7000のベンチが設置された当時につくられたポストカード。

グランドレベル編

アクティビティを銘々に楽しむ人々が、いきいきと描かれていた。

　これは、かつてのアメリカはフロリダ州、セントピーターズバーグの街並みである。1900年代初頭、このストリートにある商店の主が、集客力を上げようと、自分の店の前にベンチを置いてみたことが、事の発端だという。店主の目論見通りだったのだろう、店の前にベンチを置くことが、やがて街中に広がり、その光景を見た当時の市長が、ベンチの設置を条例化したのだ。ベンチのカラーもグリーンに統一し「Green Bench」の愛称で親しまれはじめると、グリーンベンチのまちとして話題を呼び、全米からひとが押し寄せるようになったそうだ。そのときセントピーターズバーグに設置された総ベンチ数は、なんと7000！　遡ること100年前、単なる「座るためだけのもの」を超えた都市戦略として、ベンチを設置しまくった街があったのだ。

空港からはじまるコペンハーゲンのベンチ

　観光戦略先端国デンマークは、首都コペンハーゲンも、やはりベンチに対する認識とその活用に、抜かりがない。コペンハーゲン空港に降り立ち、機内に預けた荷物が出てくるのを待とうとすると、まず出迎えてくれるのは「#COPENHAGENBENCH」というハッシュタグを示す文字列。その先には、いくつものクラシカルなベンチが並んでいるではないか。そしてそこには "あなたは1887年からコペンハーゲンのまちでさまざまなひとを迎え入れてきた2500のベンチたちと、これからこのまちで出会うことになるでしょう" といったメッセージが添えられている。そう、荷物をピックアップして空港をひとたび出たそのまちのなかでは、これと全く同じベンチが、人々を待ってくれて

第6章　グランドレベルにマイパブリックを！ 11のアイデア

空港には「#COPENHAGENBENCH」のハッシュタグが。

いるのだ。さらにメッセージにはこう綴られている。"お気に入りを見つけたら、写真に撮って投稿してください！"。

まちでこのベンチに出会った観光客たちは、先ほどのハッシュタグとともにインスタグラムで、自分たちがベンチとともに思い思いに過ごしている写真を日々投稿している。いずれも、地元の人々にとってはなんでもないであろうごくごく日常的なシーンであり、決して絶景や名勝といったものではない。放っておいたら意識もされなかったかもしれない街中のベンチたちは、ちょっとした仕掛けによって、観光客による発見や、撮影、投稿といった楽しみに変わった。そして、彼らが楽しんでいることそのものがコペンハーゲンの広告塔となって、世界から新しい観光客を引きつけているのだ。

2017年に入ってすぐ、コペンハーゲン市は新しい観光戦略を表明した（http://localhood.wonderfulcopenhagen.dk/）。タイトルは「観光の終わり」。これまでのように観光用のコンテンツをつくってPRし、呼び込むことはもうやめる。そうではなく、コペンハーゲンに住む人々の暮らしの質そのものを上げていくことを第一とし、その上で観光客はコペンハーゲンの一住民として扱ってしまおう、という内容だ。質の高いコペンハーゲンの日常を体験する中で、そのひとなりの新しい発

見や可能性を見出して欲しい、とある。イベント型から日常型へ、ベンチと共にコペンハーゲン市の新時代の観光戦略がはじまる。

ベンチ後進国日本

　ひるがえって日本の都市部を見渡すと、圧倒的にベンチが足りない。公園やバス停に辛うじて見かけるくらいで、歩道に関して言えば、壊滅的な状況だ。観察するとよくわかる。ベンチがないなりにうまくやれているならまだいい。しかし都心にはすでに、ベンチ難民が溢れているのだ。

　首都東京の中でも観光客の多い渋谷、新宿、日本橋や銀座を歩いていても、とにかくベンチが見つからない。ちょっとしたひとやすみ、水を飲んだり荷物を置いたり、本や地図をひろげたり。そんなことすらできないまちが、人々にとって良いまち、好かれるまちになれるはずがない。いつの頃からか、観光戦略を語るときに「おもてなし」の五文字が枕詞のようについてまわるが、ベンチひとつ見つけることが難しいまちに、おもてなしの精神なんて、感じられるだろうか。観光都市としての、まずごく初歩的な作法として求められることは、ベンチファースト。ベンチ第一主義なのだ。

　まちの歩道に限った話ではない。住宅地、郵便局、銀行、交番、スーパー、美術館、博物館、公園、あらゆる施設が、まちに接続する部分の敷地に、ベンチを設える。それだけで、グランドレベルと人々との関係、まちと人々、ひととひと。それらの関係性は、少しずつ良質な濃度を取り戻しはじめる。花壇でもない、植栽でもない、自動販売機でもない。まず、まちにひとの姿が見えること。それこそが、人間が

第6章　グランドレベルにマイパブリックを！ 11のアイデア　185

住むべきグランドレベルの姿なのだ。だからまずは、ベンチ10倍！からチャレンジしてみてはどうだろうか。ひとつもなければ、ひとつ目から。公道や公園が難しかったら、そのように見える私有地や私道で結構なのだ。安全性が保証されるかわり高価なベンチでなくとも、自家製または安価なものからはじめて、そのぶんまめに手入れをしたり、取り替えたりすればよいのだ。

台北の巨大な警察署前の歩道に数十メートルおきに設置されているベンチ。道路を渡った向こう側の建物の1階には、カフェやレストラン、ブティックや雑貨屋が続く。その先には、かつての煙草工場が再生されているカルチャースポット松山文創園区。ベンチは日中から若者を中心に人々が利用しており、背後に警察署がある緊張感を忘れてしまうくらいだ。

グランドレベル編

台北の住宅地では、よくこうしたベンチに出会う。直線型ではなく、やや円弧状にすることで、複数人が座ったときにもコミュニケーションが取りやすくなり、また歩行者からも認識しやすくなる。ベンチには、その場に応じたディテールが考えられる。

住宅街だからといって諦めてはいけない。もちろん玄関の軒先に、また生け垣の替わりにベンチを置くことも、良い効果を生み出すだろう。アイデアひとつでこんな面白い試みも可能だ。台湾の富油街に建つ低層集合住宅の1階部分。壁をあえて凹ませて、そこに誰もが座れるベンチを設えている。撮影する直前まで、まちのおばあさんが座っていた。

私有地をまちに開放するパターンは、日本でも各所に見られる。東京、神保町の交差点、岩波ホールを持つビルの角地は、ビルがセットバックし、敷地境界線をなぞるように長いレンガのベンチが設えられている。自転車移動の途中で、休むサラリーマンが見える。

原宿、渋谷、代官山といった個性的なまちのグランドレベルは、どこもマイパブリック度が高い。代官山のある角地では私有地にもかかわらず、大胆にベンチを提供している。路地が入り組み歩道がないこのエリアでは、もはやここは小さな私設の公園とも読み取れる。

ベンチ、ベンチと言ってきたが、座れる場所という広義な意味で捉えて欲しい。だから、ほんの数十センチの段があれば、そこはベンチ化する。人々がベンチに見立てることのできる、ちょっとした段差、それに適した素材を考えていくのも面白い。また、ベンチは日陰とワンセットで最強の居場所となることを忘れてはならない。ただ設置するだけでは、ベンチのミラクルな効果は発揮されない。

置かれているときの光景と、実際座ったときにそこからどんな風景が広がるか、というふたつの視点がある。それらを考慮して、丁寧に設置することが大切だ。たまにベンチを至近距離で向かい合わせに設置しているものを見かけることがあるが、あれほど居心地の悪いものはない。写真は山口県岩国市の錦帯橋を望むベンチ。頭上には藤棚が広がっている。

広島県、呉市の商店街にて。今より商店街が賑わっていたときに設置されたと思われる、モダニズムを感じさせるデザインのベンチ。両端の立ち上がり、座面の素材感など、ひとがじかに触れるものであることや、ここで起きるさまざまなアクティビティを考慮された、見た目にも良質なデザイン。全てのデザイナーが、このようにデザインできるわけではない。

同じく広島県、呉市の商店街にて。商店街と大通りがクロスする交差点の角に植えられた樹木のまわりに、円形のベンチを設えている。右側の角地には地元のコーヒー屋。ベンチがゆるやかにつなぐ街角一帯が、市民の居場所になっている。

JAPAN BENCH PROJECT始動！

　ちょうど会社設立1周年を記念して、わたしたちはベンチの設置を推進するプロジェクト「JAPAN BENCH PROJECT/TOKYO BENCH PROJECT」を立ち上げた。このプロジェクトは、ふたつの方針を持っている。

　ひとつは「ベンチ」が持っている魅力や効果について、多くの方に知ってもらうことだ。ベンチ設置のメリット／デメリットだけに目を注ぐのではなく、それが持つ、"人間の生活を圧倒的に豊かにする力"に気付くきっかけをつくりたい。

　もうひとつは、首都東京に、もとい日本中に、できるところからひとつでもベンチを設置する、ということを、さまざまな行政、企業、団体、個人の方々とともに展開、サポートしていくことだ。わたしたちがこれまでリサーチしてきた知恵と経験を生かしながら、ベンチによってひとつひとつのまちを変えていく、お手伝いができればと思っている。たったひとつのベンチを設置する際にも、ひとりひとりの市民が能動的に楽しくなるように、より戦略的に、より効果的に。最終的には、より愛されるまち、よりゆたかな日常をつくりたい。

　プロジェクトの第一弾として、2017年10月23日〜29日に「神田ベンチプロジェクト」を企画・実施した。これはURがとりまとめる「神田警察通り賑わい社会実験2017」（主催：神田警察通り賑わい社会実験実行委員会）の一環として行ったもの。社会実験の対象となるエリアを調査すると、なんとベンチはひとつもなかった。そんな神田のまちのなかで「出世不動尊通り」の歩道と「神田錦町2丁目1」エリアの公開空地

第6章　グランドレベルにマイパブリックを！　11のアイデア

に、合計20基のベンチを設置し、日常としてベンチのある風景をつくりだすものだった。

　新聞を読んだり、書類を整理したり、パソコン仕事をしたり、物思いにふけったり、お弁当を食べたり……、期間中は、エリアに住むひ

ベンチがひとつもない東京・千代田区神田に20基のベンチを設置。驚き喜んでくれる人をたくさん目にした。在住者、在勤者を問わず、置かれたそばから次々とベンチで過ごす人々。出世不動尊通りでの設置（写真上・左下）では地元商店会に、「神田錦町２丁目１」エリアにある公開空地での設置ではビルを所有する安田不動産に協力を仰いだ。神田警察通り賑わい社会実験実行委員会のサポートのもと、管轄する千代田区役所との交渉の上、実現したプロジェクト。企画・運営・調査は、東京都市大学都市生活学部中島伸研究室、株式会社コトブキと協働した。

グランドレベル編

と、働くひとが、各々に自由にベンチを利用する姿を見ることができた。歩道にしても公開空地にしても、ベンチの設置に関する手続きは簡単なものではないが、今回の実験では、ベンチには予想以上の効果があると改めて知ることができた。

実験と言うからには、一週間仮設置をしただけでは終わらせない。今回の利用状況についての調査をまとめ、時間をかけてでも常設設置へとつなげていきたい。また、「JAPAN BENCH PROJECT/TOKYO BENCH PROJECT」と銘打つからには、これをひとつのモデルケースとしたうえで、他エリアにもベンチ設置の輪を広げていきたい。

[IDEA 02]「パブリックハウス」
戸建住宅に「住む」と「商う」の間をつくる

第二次世界大戦後、GHQによる農地解放からはじまった、日本特有の戸建て住宅。日本の経済成長と共に、マイホームという夢が大量生産されていった。その時代ごとに、ハウスメーカーや工務店などが、あの手この手でさまざまな商品を開発。しかし住宅は、手に入れてからが問題だ。一般的な木造住宅の寿命は30年と言われているが、これは建物そのものではなく、ニーズの寿命に過ぎない。30年経つとどうなるか。たとえば新興住宅地や、高度経済成長期に開発されたニュータウンなどでは、開発後一斉に同世代の同じような所得や家族構成のファミリーが住みはじめたため、今、入居者が一斉に高齢化を迎えている。住宅や地域施設の一斉老朽化、若い世代の流出による人口減少、少子化による学校の統廃合など、エリア全体として、さまざまな問題を抱えはじめており、その中で若い世代を取り込み新しい循環型ニュータ

第6章　グランドレベルにマイパブリックを！　11のアイデア

ウンをつくる試みや、住民参加を促し、より効率的に街のコンパクト化を進めるなど、問題解決のために、さまざまな試みが既に全国各地で進んでいる。

一方で、この問題の舞台であるアノニマスな風景をグランドレベルから捉え直して見ると、経年以前に、あきらかにその閉鎖性に問題があることがわかる。土地と建物を購入するという所有形態や、さほどルールがなく、誰でも自由に住宅を建てられてしまうということが、互いをあまり知らずに暮らせる、プライベート性の高い住宅を生み出すことにつながった。その結果として、どの住宅地も歩いていても、ほとんど家の中の人気を感じることがなく、誰と会話する機会もないような、さみしい風景が日本中に広がっているのだ。

ただ近年、東日本大地震をきっかけに、防犯や防災、地域コミュニティなどの観点から、これまでの住宅がもつ高い閉鎖性に、疑問を感

東京都多摩市桜ヶ丘に広がる住宅地の風景。(photo=tamani himajin)

じるひとも少なくない。完全で完璧な家というものはなく、時代とともに求められるものも変化していくのだ。かつては慣習としてのご近所付き合いが煩わしい、と言われていたが、どんなにプライバシーを確保した家に暮らしても、ひとはひとりで生きられない。社会に生きる限り、ひととひとが出会うことは避けられず、ではどのようにしたら、煩わしくなく、自分のペースを守りながら、他者との交流を楽しんでいけるのだろうか。住宅や団地、住宅街におけるこのテーマは、一時的な変化ではなく、普遍性を持った問いとして扱われるべきものだろう。

家の垣根を取り払おう

　ひとはひとりでは生きられない。その前提があるならまず、まちに対してそっぽを向くようにして住宅の周囲を囲う塀や垣根は、取り払ってしまおう。防犯上有効に機能すると思われているが、果たしてそうだろうか。余計なものがあればあるほど、死角ができやすいし、管理も大変になる。空き巣などの犯罪者にとっては、かえって好都合だ。また住宅の中で何が起きたとしても、まわりには何も伝わらない、という状況は、プライバシーというよりもはや、孤立や孤独の温床となっているように見える。住宅の囲いを取り去ることから、コミュニケーションの大前提となる「見る・見られる」の関係を、再構築できるのではないだろうか。

　実際に、そのような試みをいくつかの事例に見ることができる。最近最も感心したのは、大和ハウスが展開する「SMA×ECO CITY（スマ・エコシティ）つくば研究学園」。2013年にまちびらきされたこの新興住宅地では、街区全てにおいて、住宅を囲うような塀や垣根がなく、そ

第6章　グランドレベルにマイパブリックを！　11のアイデア　195

のかわり見たこともない風景が広がっていた。道の両サイドに建ち並ぶ家々の前に、無数のコミュニティが生じていたのだ。家の前で談笑するママさんたち、日曜大工をするお父さんに、走り回る子どもたち、道の上に絵を描く親子。そういった光景があらゆるところで繰り広げられている。まるで映画を見ているようだった。

　昔の家には縁側があった。家の前をご近所さんが通れば、声をかけ

大和ハウスが展開する「SMA×ECO CITY(スマ・エコシティ)つくば研究学園」。各住宅に敷地を囲う壁がひとつもなく、オープンなつくりになっている。そのかわり、表札、郵便受け、インターホンの機能を持たせた、高さ1メートル、横幅2メートルほどの小さな壁が、各住戸の正面に立ち上がっている。元々フックなどもついており、家主が思い思いにデコレーションを楽しめる。これによって各住民の能動性を街路に露出させることに成功している。同じような家が並びやすい新興住宅地が、一軒一軒の個性で彩られているのだ。街並みの楽しさが演出されると同時に、住民同士のコミュニケーションのきっかけともなっている。家の軒先を介したコミュニケーションからドラマが展開する、アメリカの人気ドラマ「デスパレートな妻たち」を彷彿とさせる、地域コミュニティのあたらしい日常風景がそこにあった。

て軒先の縁側でお話ししながらお茶を飲んだりしはじめる。そういうことは、日本のそこかしこにあったものだ。昔のかたちをそのまま再現するのではなく、現代だからこそできることを、まちと家とのエッジにつくる。気負わなくとも、日常的にコミュニケーションが起こりやすい、誘導的なデザインというものがあるのではないだろうか。

その名も「パブリックハウス」

　いまわたしたちも、ある住宅地で計画している一戸建てのリノベーションがある。台風によって浸水してしまった1階部分だけの改築だが、入り口は玄関というより、エントランスにしてしまう。もちろん塀や垣根なく、前面に通る道路からは、内部の土間とリビングスペースが一体となった広めの空間が見えるような形でつくられている。

　エントランスと、外にひらかれた土間とリビングスペースが一体となった空間は、あくまでその家を住まいとして使うことにも対応できるが、空いた時間にひととき、カフェのようにまちに対してひらくことも可能である。もちろん、本腰を入れて小さな商いをすることにも対応する。雑貨屋さんや本屋でもいいし、理髪店でもいいだろう。要は、かわいらしいお店の居抜きのように見える家をつくる。見るひとによって、さまざまな読解ができる建物であり、さまざまなひらきかたを叶えられる、自由な家。わたしはこのビルディングタイプを「パブリックハウス」と名付けた。住宅というものは"住む"と"商う"の間で、あるいは"ひらく"と"まもる"の間で、もっともっとさまざまなカタチで、存在し得るのではないか。今、この「パブリックハウス」第1号は、茨城県常総市に建つ空き家のリノベーションとして、具体的に

「パブリックハウス」の具体的なデザインの検討スケッチ。(提供：ルーヴィス)

計画中だ。

　空き家だけでなく、活気を失った商店街や集合住宅などにも有効だ。まちの変化によって出てきた、さまざまなまちの隙間に、ちいさな公共を挿入していく。「パブリックハウス」の概念は、一軒家という"点"に限らず、面的に展開することで、都市の居心地を、現代に合わせたかたちに変えていくこともできる。

人口は数でなく密度、頻度で考える

　日本にあるさまざまなまちは、机上では大雑把に、都市、郊外、地方と分けて考えられがちだが、実際はその間に、さまざまなグラデーションが存在している。中でも、最も多くの日本の面積を占めるのは、目立った観光資源や文化資源、名物、特徴的な産業といったものがな

く、ただ漫然と家が建つつまらないまち、いわゆる片田舎である。問題視されるほど目立ちもしないまま、ひっそり静かに、現代的な問題が山積するこの片田舎に、何らかの良策をほどこすことはできないか。

「パブリックハウス」は、まちの性質にかかわらず、どこであっても効果を発揮すると考える。人口減少に伴って、まちを縮小しようとするコンパクトシティ政策は、既存のコミュニティや地域に対する愛着といったものが政策によって切り離されてしまうデメリットもある。その点、既存の家ひとつひとつを「パブリックハウス」にしていくことができれば、人口減少の世の中であっても、そのエリアに暮らす人々の関わり方は、これまでよりいきいきと、濃密になる可能性があるのだ。問題は人口そのものではない。実際の人口よりも、一日を振り返ってみて、まちで目にしたひとの数がどれほど多いかどうかだ。見かけるだけでもいい、声を掛け合うでもいい、長話をするでもいい。ひととひとが、どれだけ快適な距離感でもって、関わり合えるかどうかだ。

住宅ひとつのリノベーションに対しても、グランドレベルから考えたい。住宅は、所有者だけのものではない。その建ち方ひとつで、まちに重苦しい影響を及ぼすこともあれば、心地よいまちづくりに貢献することもできる。さらに家主の個性や能動性がまちに発揮され、それがコミュニティの醸成へとつながれば、いいことづくめではないか。「パブリックハウス」とは、まさにそんな一挙両得を叶えるために構想されている。もし一棟のリノベーションほどのコストがかけられないなら、ベンチひとつ、花ひとつ、玄関先に置くだけでもよい。たとえば家の前の路地が暗かったら、敷地内に自分の家だけでなく、まちを照らすための"マイ街灯"を設置してみよう。お隣さん同士で示し合わせられたら、さらに面白い。10軒、10個の"マイ街灯"が灯ったとき、その路地のある生活は、確実にそれまでとは一変するはずだ。

第6章　グランドレベルにマイパブリックを！　11のアイデア

[IDEA 03] タワーマンション
タワマンのリノベ時代、到来

　地震をはじめ、さまざまな災害と共に生きる日本の国土。戦前のひとたちが、現代のタワーマンション群を見たら、たいそう驚くに違いない。都市の住み方は、かつての低層の家が水平に並ぶ生活から、個室を垂直に積み重ねる生活へと変化した。新時代のビルディングタイプ、タワーマンション。100年もつとか免震とか、設備や駆体には最新の技術でもって、災害対策もしっかり整えられている。マンションを購入する予定はなくとも、よければ駅の構内などで一度、住宅情報

東京の湾岸エリアに建ち上がるタワーマンション群。

グランドレベル編

誌を手に取ってみて欲しい。次から次へと、新築マンションが登場し、そのどれもが、とにかく利便性と機能の高さをアピールしている。

なぜかゴージャス嗜好一辺倒の、マンションロビーのＣＧ画像。実際完成すると、表面的にはつるピカの高級素材によってロビー空間がつくられ、有名デザイナーの作品（に近いもの）のような家具セットが置かれたりする。しかし、その空間が住民によって、日常的に有効利用されることは少ない。ゴージャスであればあるほど、つまり一棟当たりの金額が増えれば増えるほど、である。なぜなら、せっかく毎日必ず通るロビー空間であるにもかかわらず、日常利用のことは二の次だからだ。あのゴージャスロビーは、入居者を惹き付けるための広告にすぎないのだ。ゴージャスロビーのマンションに住むという高揚感。売り手側は、その後の生活でロビーが使われるかどうかなど、問題には

タワーマンションに標準装備されているラグジュアリーなロビー空間。

していないのだ。売れればそれでよし。住民たちは、ほぼ無用の、そもそも自分たちの生活のためには作られていない、その割には延々と管理費を負担させられ続ける、がらんどうのゴージャスロビーを毎日見て、どんなことを感じているだろうか。うれしいだろうか。豊かだろうか。他の住民とすれ違ったときに挨拶をするような、オープンな気持ちになれるだろうか。

もしも1階が駄菓子屋だったら

　タワーマンション単体ではなく、タワーマンションが建っているエリアとして考えてみても、がらんどうのロビーというのは、実にもったいない。そこは共有部の中でも、ほぼ毎日すべての入居者が通る唯一の場所であり、周辺地域の人々から最もアクセスしやすい場所でもある。一過性の広告塔としてゴージャスにたてつけるよりも、その後の末永い生活を見通して、入居者や周辺地域の人々にとって有意義な場、使いこなせる場であったら、どうだろう。

　2016年の春に、栃木県さくら市に建つある団地を訪ねた。その団地の1階には、少し前から「NO NAME CAFÉ」というカフェがオープンしていた。それもカフェの入り口が、階段室側ではなく、ベランダが撤去されてそこが入り口になっていた。仕掛けたのは、カフェオーナーであり建築家の酒井理さんと、デザイナーの酒井さつきさん。自らが、団地のオーナーに掛け合い実現したのだというから、さらに驚きだった。

　周辺のまちの住民の憩いの場として、日常的に使われながら、酒井さん夫妻は、定期的にマルシェやイベントも開催している。まちに、団

地にひとの姿が見えなかったら、見える機会を仕掛ける。まさにグランドレベルから日常を変えた好例だ。

　たとえば、管理人室に駄菓子屋を併設させてみる。すると、放課後の子どもたちにとって、格好のサロンになるだろう。大手のカフェチェーンなどを呼ぶこともできるだろうが、そもそもがらんどうでもよかった場所で、利益の大きさを追求する必要はないはずだ。それよりも入居者や地域住民が単なる利用者、消費者で終わるのではなく、運営に携わることは、仕事や生きがい、ひととのつながりなど、さまざまな副産物を生むだろう。建物に手を加えることができなければ、ロビー自体の使い方や家具の設えを変えることだけでも、ロビーの利用頻度や存在意義を格段に上げることができるだろう。

　ロビーを通ることが楽しくなるように、そこに気持ちよく佇めるよ

ベランダを撤去し、テラスをつくり芝生の中庭からダイレクトにアクセスできるようにつくっている。今では隣の1階にも別の業態が入りはじめているという。

第6章　グランドレベルにマイパブリックを！ 11のアイデア

うに、他の住人との会話が生まれるように。いま、グランドレベルの基本を取り戻すことが、あらゆるマンションの1階に求められる。タワーマンションの1階を、人々がよりいきいきと過ごせるグランドレベルへ変えていくことは、ゴージャスなロビーをつくるよりも、長期的にマンションの価値を維持することに貢献できる。これからマンションの住民になるのは、その価値に気付いた世代だ。そこで営むことができる日常的な生活の質そのものが、ハードの価値に大きく影響していくことになる。

定期的に開催されているマルシェイベントの様子。(提供=NO NAME CAFÉ)

[IDEA 04] 駐車場、遊休地
遊休地活用に私設公園（パーカナイズ）を！

　親世代から土地を譲り受けたとき、固定資産税を払うために、その土地をどう運用していくか。ただでさえ人口が減りゆくなか、一戸建て、集合住宅ともにすでにストック過多の時代、アパートやマンションの建設業者の謳い文句につられて、住まいを新築して経営しようというのは、わたしから見たらもはや不思議でしかない。そこでうまくフィットした形で誕生したのがコインパーキング、最近顕著なのは太

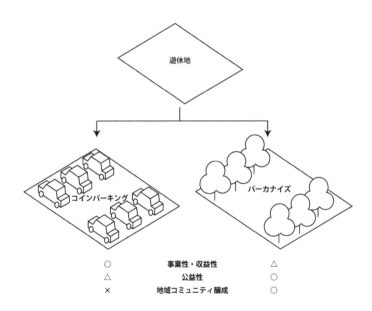

第6章　グランドレベルにマイパブリックを！ 11のアイデア

陽光エネルギー生産だ。困った遊休地が駐車場や太陽光パネルで埋め尽くされる光景を目にしない日はないくらい、今や日本列島を次々と覆い続けている。しかし土地オーナーの取り分が、そんなに潤沢なわけではない。この手のビジネスの多くは、土地を遊ばせておくより幾分かマシ、固定資産税をカバーでき、残りがちょっとした小遣いになれば、という程度のものが多い。それでも、うっかり土地を持った人々は、手を出し続ける。自分の元手がかからず、すべておまかせすれば、何とかなる仕組みだからだ。

この現象を地主の問題ではなく地域の問題として捉えると、風景そのものを寂しくさせたり、物理的にコミュニティの希薄化を促進させたりと、エリア一帯のさまざまな価値を下げることにつながっている。だから、代々土地を受け継いできた地主や地域に根付いた土地オーナーは、遊休地を安易に扱わず、地域に貢献できるモデルを探したり、広場や農園にして市民自らが運営する、といった事例が少しずつ増えてきている。しかし、遊休地をコインパーキングにするくらいカジュアルなかたちで地域貢献型に転換する、新しいビジネスモデルはつくれないものだろうか。

市民でつくる都市型パーカナイズ

たとえば、遊休地を「私設の公園（プライベートパーク）」にするのは、どうだろう。「パーカナイズ（公園化）」するのだ！　パーカナイズは、たった車数台分の小さなスペースでも、すでにある大きな駐車場の一部を使うことでも可能だ。植栽や芝生、ベンチなどを設えて、まずはひとの居場所としての環境を整える。もちろん、これらを揃える

だけではまるで慈善事業。固定資産税が出て行くだけなので、その環境だからこそできる、小さな商いを考える。屋台や小屋を置くも良し、キッチンカーを招くのも良いだろう。結果的に、コインパーキングよりもひとの滞留時間は長くなるわけだから、そのエリアの特性や時間軸と連動させられれば、新しい形の広告をマッチングさせ、組織や企業とのタイアップといった、複合的な事業展開にも可能性があるはずだ。

そのとき大切なのは、やはり運営や管理の体制だろう。地主はもちろん、周辺地域のさまざまなひとに、楽しく関わってもらう仕組みが必要だ。そんなことを考えている矢先、旅先で、まさにわたしが構想するようなパーカナイズに出会った。

台北に永康街というエリアがある。街の中心に緑生い茂る小さな三

台北の住宅街で見つけた小さな公園。車数台分の空き地が、市民の手で公園につくり変えられていた。

角公園は、その昔存続の危機を迎え、住民の声によって守られて今に至る。周辺は住宅街だが、路地に入り組んだ住宅の一階も、近年は次々とカフェや店舗となり変容を遂げている。ある夜、何気なく路地を歩いていたら、ちょっと変わった雰囲気の一角を見つけた。普通の公園とは明らかに違い、かといって個人邸の庭園でもなく、まちに開かれている。

　ガウディよろしく有機的な形状にモザイクタイルが貼り付けられた手作りベンチに、生い茂るヒューマンスケールの植栽。隣接する家の壁には、手描きのスクリーン。そこには「昭和街ムービーシアター」とあった。広さは乗用車４、５台分くらいだろうか。傍らには、小さな看板がある。そこには、この公園が市民の手でつくられていくプロセスが、写真付きで説明されていた。そして、こんなメッセージで締めくくられていた。「わたしたちの税金はどこへいくの？　わたしたちはどのように地域の安全を強化できるの？　どのように地域社会の環境を変えていくのが良いのでしょうか？」

　国土交通省は、2016年８月に、町内会やNPOなど地域住民によって、空き地を活用し、公園として整備する取り組みを支援する方針を発表した。これは2017年度の予算に盛り込まれ、関連法の改正も検討されるのだそうだ。これによって、土地の持ち主から地域のひとが借りて、公園として整備し、管理運営を行うことができるようになる。地元の自治体に認められれば、補助金や税制優遇を受けられるのだから、地主にもメリットは大きい。

　小さなおかねを生み出しながら、継続的に地域にも貢献できるパーカナイズは、インスタントに駐車場にするよりも、土地所有者の得られるものが大きくなるような、遊休地の新しい可能性となる。

　路上の駐車場を居場所に変えるサンフランシスコ発のパークレット

という試みが、日本にも導入されようと近年、社会実験が行われるようになっている。しかし最も大事なことは、手法そのものではない。潜在的に眠っているまちの作り手と使い手たちの能動性を引き出すためには、まず社会構造やプロセスといった目には見えない部分、つまりはつくられ方からデザインしていくことが求められる。

まち中の駐車場をひとの場所として取り戻す試みは、世界中で見ることができる。写真はスペインの事例。（photo=Virada Sustentavel）

路上の駐車場を居場所に変えるパークレットという試みが、アメリカのサンフランシスコなどから世界へ広がり、社会実験が日本でも行われるようになってきた。しかし大切なのは手法ではなく、まちそれぞれの特色を生かすこと、潜在的に眠っているまちの作り手と使い手たちの能動性をどう引き出すかだ。台北の三角公園の事例はそれらを包括的にをデザインしていくことの大切さを教えてくれる。

第6章　グランドレベルにマイパブリックを！　11のアイデア　　209

[IDEA 05] 公園のリノベーション
公園の再生は、エッジから

　パブリックスペースの代名詞とも言うべき公園は、本来、わたしたち市民のもの。そこは規模の大小にかかわらず、あまねく人々にとって身近なものであって然るべきだ。しかし現在の公園は、行政の管理が隅々まで行き届かなかったり、公園ができた後の周辺環境の変化など、さまざまな要因によって、活気が失われているものも多い。そうした状況に対して近年、うまく使われなくなってしまった公園を活性化させるべく、行政は民間に管理やマネジメントを委託し、その結果、これまでにないイベントが開催されたり、園内にショップができたり、芝生が張られて気持ちよい環境へと整備されるなど、公園に新しいコンテンツをつくる傾向にある。一見いいことのようでもあるが、要は都市部を中心に、公園がじわじわとビジネスのステージになりつつあるということだ。もはや公園というより、テーマパークに近い。清潔で安全安心なステージではあるが、ビジネスである以上、そこを楽しめるのはターゲティングされた人々に限られ、本来の公園の姿と離れていく可能性も否めない。また根本的な公園の使い方、作り方にフォーカスされないまま、運営管理を民間へと委託してしまうということは、やはり一過性の対処療法なのだ。

　まず地に足を着けて考えるべきことは、これまでの公園の作られ方そのものに、管理や利用頻度につながる問題があったのではないか、という検証である。使われない公園の問題の多くは、公園という器づくりが、できていないことにある。よかれと思って、その器に遊具やら

ショップやらをギッシリと詰め込めば詰め込むほど、器として何かを受け容れる余地、つまりあまねく人々を受け容れるという機能は減ってしまい、利用者は自由から離れていくのだ。

　世界中のさまざまな公園を観察していくと、公園という器は、公園の外周（エッジ）部分の設えがいかに肝要かが、よくわかる。防犯や管理のためといって、街から公園を断絶させてしまうような塀をはりめぐらしてしまっては、人々の日常のなかに公園がある、という自然な存在ではなくなってしまうのだ。そう、公園を甦らせるためには、まずエッジに手を付ける必要がある。

　いきいきとした公園のエッジには、「からまりしろ」がある。たとえば、ひとが自然とからまってしまう「からまりしろ」とは、公園に行こう！とモチベーションをあげて、いざ入場するのではなく、通勤通学の道すがら、いつの間にかふらりと足を踏み入れられるような、さりげなくも計画された、誘導性のことである。外から内部の様子がよく見えたら、公園に立ち寄らなくても、公園のある風景は、ひとのこころに根付いていく。そうした意味で、利用者だけでなく外からの目線や意識のための「からまりしろ」も大切だ。そのためには、闇雲に緑を、というのではなく、バランスを考えた植栽の配置も欠かせない。

　最初から公園の中央部分に向かっていくのは、そこで遊ぶという明確な目的のある子どもたちだけで、多くの大人たちは、ついでに、なにげなく、ふと、そこを使う。だからこそ、そこでの居心地、そこへの関わりが大事なのだ。たとえば木陰にベンチがあったらいいだろうけれど、それはどの方向を向いていると、よりよい居場所となり得るだろうか。座ったときに何が見えるだろうか、風を、緑を、賑わいをどう感じるだろうか、そこでゆっくりしていられるだろうか、きちんと検討して計画する必要がある。

公園のエッジには、中の様子を感じ取れる適度な見通しが必要だ。ロンドン、コヴェント・ガーデンにあるセント・ポール教会わきに開放されている芝生エリア。(photo = La Citta Vita)

　笑顔や会話も大事だけれど、ひとりで物思いに耽るひとも、悲しい気持ちのひとも、金持ちも貧乏人も、老いも若きも、すべてのひとのすべての状態を受け止められる場所こそが、本来の公園の姿なのだ。

エッジリノベーションから変わった「ブライアント・パーク」

　世界の名公園を観察する面白い方法がある。ためしにinstagramを開いて、「ブライアント・パーク」と入れてみて欲しい。すると、位置情報がタグ付けされた写真が並ぶのだが、そこには公園そのものだけでなく、公園を介した周辺エリアにひろがる、さまざまなカルチャー

シーンが写されていることに感動する。人々にとって公園とは、公園そのものが目的の場所として存在するのではなく、まちに点在するさまざまなコンテンツ同士の媒介となっているのだ。買い物をし、食事をし、友達と会い、さまざまな思いと共にまちを歩く道すがら、それらを公園がゆるやかにつないでくれる。

　まちが身体だとしたら、公園が心臓、人々が血液のようになる。そして公園のエッジは心臓の弁にあたり、公園再生のポイントは、まさにこの弁にある。良質な器としての公園のデザインが整えられ、人々の日常生活の中に公園がしっかりと取り入れられてこそ、管理・マネジメントによって実行されるあらゆるプログラムやイベントごとが、よ

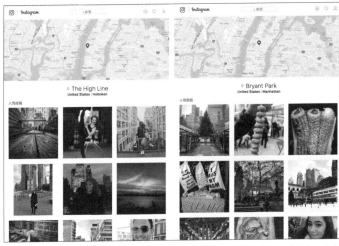

近年、最も注目されているニューヨークのふたつの公園「The High Line」と「Bryant Park」のインスタグラムを開くと、そこに表現されているのは、周辺のカルチャーそのものだということがわかる。（引用元：https://www.instagram.com/explore/locations/3001573/the-high-line/、https://www.instagram.com/explore/locations/3002869/bryant-park/）

第6章　グランドレベルにマイパブリックを！ 11のアイデア

ブライアント・パークのエッジに並ぶショップ群。公園のまわりから見える形で賑わいをつくる。(photo=Stacy)

銀座にある数寄屋橋公園再生の事例。既存の石垣を使い、一部をベンチにしたり、歩道とのエッジ部分には長テーブルが設えられている。銀座方面を見渡しながら座れる、お昼時の人気スポットだ。

り大きく効果的に花開く。管理・マネジメントよりも先に求められるのは、エッジデザイン、公園という器のデザインだ。

[IDEA 06] 公開空地のリノベーション
ビルの足元まわりはすべてひとの居場所に

　都心に建つ大きめのビルの足元の周囲には、よく公開空地と称した広場がつくられている。敷地境界から建物をセットバックさせ、ビルの足元にある土地を地域に開放する。そのかわり、通常よりも高く建てることが許される制度があるためだ。本来であれば、ビルオーナーも市民もウィンウィンの関係を築けるはずだったこの制度だが、蓋をあけてみれば、なんともひどい公開空地だらけになってしまっている。本当に公開してしまっては、管理費やトラブルなど、さまざまなリスクが生じる。そのことを懸念して、事実上、公開などするつもりもない公開空地だらけなのだ。

　緑地率を稼ぐためにツツジを角刈りにして、ブロック塀のようにして公開空地を囲み、誰も気付けないような細い歩道をつけて、公開している体裁だけとっている。もちろんベンチなど、公開と言えるような場所には見当たらない。いちいち探し出して、やっと見つけられても、浮浪者などによる居座り防止、管理のし易さを最優先した結果、ひとを寄せ付けないデザインを、わざと取り入れる。例えば、ベンチなら座りにくく、寝転べないように。空いている場所には、芸術とも言えない石の造形物を並べてみたり。そんな恣意的で意地悪なデザインがまちの日常的な光景に溢れる環境とは、人々の心理に、ひいてはまち全体のアクティビティに、無意識的なダメージを与えていることは言

第6章　グランドレベルにマイパブリックを！　11のアイデア　215

うまでもない。

しかし、ビルの足元をまちに公開する制度そのものは、ネガティブファクターではなく、明らかにポジティブファクターだ。そもそも、高層のビルが建つような敷地とは都市部であり、さまざまなひとが行き交う、最高に高いポテンシャルを持った場所だ。そこがどのように設えられているか、という影響は、ビルそのものの価値だけに留まらず、そこを行き交う人々のアクティビティや心理状態、周辺エリアの活力へとにじみ出すことは、誰の目から見ても容易にわかる。公開空地の空気は、街全体へと広がるものだ。だからこそ、ビルの足元は、いきいきとしていなくてはいけない。

考えて見れば「公開空地」というネーミングそのものが、そもそも市

ロンドンのキングスクロス駅近くの再開発によってつくられたパンクラススクエア。緻密に計算された広場のデザインによって、多くの市民の憩いの場に。(photo=John Sturrock)

民によりそっていない。この写真のような公開空地に求められるものは、そこに働き、暮らす人々が、歩き、座り、寝転がり、話し、食べる、といった日常的な活動、つまり基本的に、公園で求められるものと同じである。そう考えると公開空地とは、ビルそのものがまちに提供するポケットパークと改めて位置づけ、そのためにどうつくるかという視点に立ったほうがよさそうだ。公園という名称から派生する制度の問題はさておき、ビルオーナーは、ビルとまちが接続する公開空地という足元部分を、制度のためだと渋々適当に緑化するのではなく、わたしが自ら敷地内に私設公園をつくり、人々に提供しますよ、というスタンスでこそ、さらにそのスタンスを経済的な評価の場に立たせてこそ、資産としてビルを経営するオーナー、テナントや利用者、また周辺に暮らす人々、すべてにとってウィンウィンの関係になる。絵空事ではない。ただ、都市や建物といったものの評価軸が前世紀的であり続けたこと、それによって面倒なことを切り捨てて自分のことだけを考えていればいい、と思わせてきた、社会的価値観や構造上の問題に過ぎないのだ。

　公開空地は、まちのためのポケットパークでなくてはいけない。そう考えると、ベンチや歩道、植栽などを、ただ施すだけではない基準が必要だ。問われるべきは「実際に、日常的に市民が滞在できる状況を、いかにつくるか」であって、ときどき賑やかしのためにマルシェなどのイベントを打つ、という考えは、その次のステップ。まずはイベントでもなんでもないごく日常の質を整えていきたい。

　既存の公開空地をいかにすべきか。たとえば私有地であることを活かして、日本にはまだほとんどない「屋台解放区」とし、海外でも見られるような自転車型屋台でも、ドリップコーヒーが淹れられるようにする。これは私有地でなくてはできない利用であり、自転車屋台のよ

ポートランドで見つけたコーヒースタンド。パーキングビルの使わなくなった料金所を再利用している。1畳のスペースと2席があるだけで、ビルの足元とひととの関係は変わる。

うな小さな設備で完結させられるものこそ、公開空地のような形状をいかせるのではないだろうか。保健所はキッチンカーを推奨しているが、キッチンカーと屋台では、コミュニケーション上の距離感が全く違う。月並みな屋外用家具を適当に配置するのではなく、本当に心地よい居心地を提供できるテーブルやベンチ、ソファーだって設置できる。植栽は、最も考え直す点だ。高層ビルの設計時と同じ縮尺のまま、管理の手間がかからない樹木を選定して、グリッド上に配置する。そんなことで済ませていては、いつまでたっても気持ちよい緑化空間など、できるわけがない。ビルの足元は、唯一、巨大な建物とちいさな人々との、原寸大の接点なのだ。そこはあくまで利用者視点の縮尺で、

座る場所には木陰を、そこから目線に入るところは低木で彩り、四季折々の草花が楽しめたら最高だ。

こうした豊かな公開空地のキーになるのは、管理会社だ。その多くは、ハード面とクレーム処理を管理業として、大手デベロッパーの子会社として運営されている、既存の管理会社では、こうした思想や職能を取り入れることは難しいだろうから、わたしたちグランドレベルが、新たに管理会社をつくろうと思う。他の誰かがやってくれても、一向に構わない。むしろお願いしたいくらいだ。

公開空地でコーヒーを淹れたり、敷地内のグリーンを手入れしたり、ゴミ拾いも行う、その新しい管理人は「公開空地マスター」と呼ぼう。

スペイン・マドリードのアトーチャ駅構内。巨大な植物が生い茂り、ベンチやカフェなど、そこかしこにひとの居場所がつくられているのがわかる。手をほどこさなければ空っぽになってしまう空地には、明確なビジョンと緻密な設計が必要。(photo=La Citta Vita)

マスターには、できるだけそのビル、その地域に根ざしたひとを雇用したい。名もなきロボットのような管理人ではなく、名前で呼ばれるくらいの関係がいい。ちょっとかっこいいエプロンをしながら、日々いきいきと、まるで自分の公園であるかのように、楽しく責任を担って仕事をする。そうすれば、どんな大きなビルの、どんな大きな公開空地でも、ヒューマンスケールの関係性が生み出せるはずだ。そこには、公開空地と称される場所の、本来あるべき姿がある。

[IDEA 07] ルール・ヴィジョン
1階には、つくり方のルールを。

わたしたちの暮らす都市やまちは、これからどうなろうとしているのだろうか。それは、誰がどこで、どのように決めているのだろうか。その方向性や将来像について行政がまとめた資料を、ここではグランドヴィジョンと呼ぶことにする。例えば東京都の場合「東京都」「ヴィジョン」などのワードで検索すると、都のホームページから「東京長期ヴィジョン」にアクセスでき、今、東京都という行政が、どのような都市づくりを目指しているか、読むことができる。他の都市もだいたい同じなので、どこかに出かける機会があると、その都市の魅力を自分なりに感じとりながら、このまちはどうしてこんな魅力があるのだろう、これからここはどうなるのだろう、と、また行政の資料を調べてみる。

そこで驚くのは、日本ではどの都市のグランドヴィジョンを開いても、だいたい見事に、同じようなキーワードが並んでいることだ。賑わい、交流、魅力あふれる、コミュニティ、健康……。そうした単語たち

220　**グランドレベル編**

は、聞き心地のよさというメリットの反面、全く具体性がなく、ふんわりとしたイメージに頼った、いわばマジックワードでもある。続いて、これまたどこも同様に、広域平面図に丸や三角、矢印で書き込まれた、動線やゾーニング。こうした大まかなスケール感が必要なときもあるだろうが、それで終わってしまっては、手に取ったこちらとしては、何も残らない。結局、読み進めれば進めるほど、妙な違和感が肥大化していく。実際どういうまちになっていくのかが、空間、ヴィジュアル、風景として、あるいはせめてもの手応えとして、全く具体的に理解できない。

　一方で、他国の都市のそれを開いて、仰天した。実に楽しいのだ。これからそのまちが、どういう風に変わっていくのかが、きちんと文章と写真によって描かれている。いや、考えて見れば普通のことなのだ。グランドヴィジョンは、行政から市民へ、わたしたちのまちはこんなに魅力的に変わっていきますよ、と伝えるラブレターなのだから。

　海外のすてきな都市はこぞって、ヴィジョンというものを行政と市民がしっかりと共有している。ヴィジョンとは、「緑溢れるまち」「市民参加のまち」「地域の魅力再発掘」といった曖昧な言葉でうやむやにして出来るものではない。具体的な風景として共有できなければ意味がない。それでこそ、グランドヴィジョンとして日の目を見ることに意味があるのだ。

　さらに、自分たちがいいなと感覚的に思えたり、国際的にも評価を受けているような都市のグランドヴィジョンを見ていくと、面白いことに気がついた。そうした都市には、１階づくりについての具体的なルールがあるのだ。

　サンフランシスコのあるニュースを見て驚いた。サンフランシスコの街のとあるビルの１階に、ある会社の事務所が入ったのだが、その

事務所が外に対する開口率が規定に見合っていないので、出て行きなさいと裁判沙汰になっていた。1階にお店を置きなさいというどころか、その具体的なデザインにまできちんとルール作りがおよんでいるということだ。あまりにも1階づくりにルールがありすぎて、現地のアーキテクトたちは辟易する場面も少なくないと聞くが、それがあってこそ日常的な賑わいをつくりだせていることは、間違いない。

　さて、日本に立ち戻ると、都市計画やまちづくりにおいて、1階づくりに具体的なルールが設けられていることは見たことがない（文化的、歴史的景観を保全するための街並みとしてのルールはあるが、今回テーマとしたいのはそういうことではない）。どうして、日本には1階づくりに関する具体的なルールがないのか。その答えは簡単である。ただ、単純に、この書籍を通して、訴え続けてきたグランドレベルの視点が、1階というものの大切さの認識が、スコンと抜け落ちていたからだ。

　しかし、もうこれからの時代は、1階のつくられ方を無視することはできない。少子高齢化や貧困など、さまざまな問題が集積する日本社会の再生は、グランドレベルから変えることが必須だ。さまざまな施設のエントランスがただ連なるグランドレベルの風景が、これ以上広がり続ければ、日本の生活、観光、経済などにおける人々のアクティビティが下がる一方だろう。

　だからこそ、世界には遅れてしまったが、これからの日本に必要なグランドレベル、1階づくりのルールを、まずは自分たちで考えてみよう。

　もちろん、行政のひとや都市づくりに関わるひとたちが、具体的な1階づくりのルールを考えることもあれば、町内として建物を建て替える際にあるべきルールを考えるのも良い。オフィスビルひとつ、マ

ベルリンの街角。もし、1階がまちに開かれていなければ、樹木が生い茂っていなかったら、どんな風景になっていただろう。（photo=La CittaVita）

ンションひとつ、オーナーが考えるべきこともある。「とりあえず、必ず座るスペースをまちに提供するようにしよう」「1階は必ずお店にするルールをつくろう」「オフィスロビーには最小限のコーヒースタンドを設けよう」「まちに、植栽や1階づくりの具体的なデザインルールをつくろう」。日本だからこそ、そのまちだからこそ、そこにいる人々だからこそ、できることがあるはずなのだ。世界はそれを生み出すことを助けてくれる、たくさんの事例に溢れている。

[IDEA 08] 屋台を出す
新しい屋台がまちに溢れるためには

　まちにマイパブリックを自由に展開できない。そんなルールがあるとしたら、変えなくてはならない。自費で、自分のできる範囲で、わずかでも、何かをまちに寄与しよう、還元しよう、という気持ちを具体化することができないというのなら、ルールのほうに問題がある。しかし実際のところ、たとえば屋台で活動する場合などは特に、道路交通法から屋台法、行商法に食品衛生法まで、さまざまな法律が、まちを楽しくしたいというわたしたちの行く手を阻む。

　もちろんそれらの法律は、マイパブリックを阻害してやろうという意地悪な意識でできたものではない（この本の中で、いろんなことを批判してきたけれど、この世に、そもそも意地悪をするために生まれた法律や公共物なんて、何一つないのだ！）。こうした法律たちは昭和20年代前半、戦後の混乱したまちを整えるためにできたものが多い。21世紀の現代には全くフィットしなくなっていることが問題にならないのは、そこまでしてまちを自分のステージ、自分の居場所、自分のものにしようとするひとや表面化された意識の数が、まだまだ少ないからに他ならない。

　日本では、行政が先立ってあれこれリードしてはくれない。そもそも日本でなくても、まず個人から先に行動しないと、他人や社会、企業、行政といった他者はあまねくわかってくれないし、動いてもくれない。挨拶もそう、マイパブリックもそう。まずは自分から。まちを変えるちから、その発端は、誰よりも自分が握っているのだ。

海外のさまざまな都市で、写真のような屋台や、日本では見かけない
ような、おしゃれな、あるいは風変わりな屋台に出会ったことがある
ひともいるだろう。まちの片隅にポップアップする小さな屋台は、小
さく咲いた一輪の花のように、ひとのこころに、ささやかな彩りを与
える。しかしこんな風景は、現在の日本ではほぼ、不可能になってい
る。日本人にセンスやアイデアがないわけでは、決してない。

保健所に聞いてみた

　自分のマイパブリック屋台を持って間もなく、保健所へ相談にいっ
たことがある。屋台でまちへ出て、コーヒーをふるまいたい。それは
保健所として、許してもらえることなのかどうか、と。担当してくだ
さった保健所の方は少し呆れた感じでひと息つき、では最初から話し
ましょう、と、丁寧に説明をはじめた。

　「まずはですね、会社でコーヒーを出しますよね。あれ、本当はブ
ラックなんです。食品衛生法がつくられた当時、会社でお客様にお出
しできるのは、特例として水、またはお茶とあっただけで、当時ほと
んど普及していなかったコーヒーについては、記述されていないので
す。けど、だからといって今さらコーヒーを取り締まれませんからね。
だから、事実上はグレーなんです」。驚愕した。なんということだろ
う！

　さらに話は予想外に家庭へと移り「みなさんの家のご飯について
は、逐一保健所が検査できませんからね。だから黙認のようなもので
……」。仰天してしまった。家庭のご飯も、まるでグレーだといわんば
かりなのだ。しかし、食品衛生を額面通りに読み解けば、そういう

第6章　グランドレベルにマイパブリックを！　11のアイデア　225

ことなのだ。親や保護者になるひと全員が、食品衛生管理者の免許をとってから台所に立つわけでもないし、ご家庭だけはオッケーなんて、確かにどこにも書かれていない。

そして、話題は核心の屋台へと移っていった。「保健所の許可を得た場所でコーヒーをパッケージし、現地で封を開けずに屋台で渡すことなら可能です。しかしあなたの屋台の仕様で、その場でコーヒーをドリップするとなると、お湯を注いだ時点でアウトですね。調理したものを第三者に提供するとなると、屋根付きの三方が囲われた場所に二層式シンクや水道の準備など、設備的にクリアすべきことがあるんです」。つまりわたしの屋台はもちろん、さきほどの写真のような小さな

デンマーク・コペンハーゲンの街角。コーヒーマシーンを積んだ自転車が、コーヒーやエスプレッソを売る。日本の法律は、こうしたスタイルを基本的に許していない。（photo= Mikael Colville-Andersen）

屋台がまちに現れることは、今の日本では不可能ということだ。

　食品衛生法の歴史をひもとけば、その目的は、あくまで公衆衛生の向上にある。戦後の混乱期、食物をとりまく劣悪な環境が、さまざまな食材によるさまざまな中毒を引き起こし、世の中を脅かしていた。そんな環境を変えるべく規制を強めると同時に、闇市的な色の残る屋台を、街から一掃してきたのだ。

　しかし、食品衛生法が制定されてから70年以上が経った今、食品を取り巻く環境も、まちの風景も、大きく変わった。戦後混乱期の食品環境に対して出来た食品衛生法は、果たして現代社会に対応しているのだろうか。衛生管理は徹底するに越したことはない。しかし規制によって、現代にこそ求められる、まちでの楽しみ、まちでの自由が実現不可能な状況になっていることについては、議論や再考すべき問題ではないだろうか。都市に、まちに、グランドレベルに、あちこちにミニマムなパブリックをつくりだすことができる、屋台のような存在がオフィシャルに認められるには、例外づくりに取り組むしかない。

屋台は、エリア全体を元気づける存在

　保健所の方が最後にひとこと加えた。「食品衛生法そのものを変えることは、難しいでしょう。しかし実際、こうしたひとつひとつの許可判断は、市区町村に委ねられています。だから極論、ある市長が、あるエリアで特区のように認可を出すということがあれば、あなたたちのような方でも、コーヒーをふるまえるかもしれません」。なるほど、そういうこともあるのか。日本における一筋の光明かもしれない。

　実際、特区や単発のイベントとして、グランドレベルに小さなお店

南アフリカ・ダーバンで見かけた謎の屋根付きテーブル。週末の光景を想像する。

を出せる事例は、日本でも少しずつ増えてきたようだ。期間限定のビヤガーデンやマルシェといったものの存在が根付き、やがて恒常的なまちの風景となっていくことに期待したい。

　屋台がコンテンポラリーではなく、風景となっているユニークな事例を、海外で見かけたことがある。アメリカ・ポートランドの中心市街地の大型駐車場は、行政の指導で、歩道に面するスペースに屋台的な小屋を建てて、飲食店が出店できるようになっている。こうすることで、駐車場に自動車が並ぶ風景をまちに露出させない視覚的緩衝剤としての効果があるだけでなく、資本はなくとも若くユニークな人々が、ジャンルに囚われずさまざまな飲食店を開くために集うことで生まれる、まちのエネルギーも呼び寄せた。この駐車場のエッジから発信されるストリート・フードが人気となり、エリアには新たな賑わい

が生まれていたのだった。

　南アフリカ・ダーバンの市街地では、歩道に沿って、数十メートルおきに緑色のフレームが、いくつもつくりつけられている光景に出会った。腰高の天板、両側面はネット状になっており、上部には屋根がついている。最初は何か全くわからなかったが、どうやら市民は、そのフレームの利用権を借りて、小商いをしているようなのだ。野菜や果物を持ってきて八百屋にしているひともいれば、ガラクタを並べて雑貨屋にしているひともいる。業種は自由のようだ。ネット状の側面には、ものを吊したり飾り付けたりして、市民は自由にこのフレームをアレンジして、自分オリジナルの店構えを、いとも簡単につくることができてしまう。それはまさに、簡易屋台だった。こんなものがパブリックな存在として、歩道沿いにつくりつけられているということは、

アメリカ・ポートランドの駐車場では、外周にフードカートと呼ばれる屋台が建ち並ぶ光景を目にすることができる。その数は600近くも上り、さまざまな国の料理をカジュアルに楽しむことができる。（photo=John Dalton）

行政としても、然るべき手続きを踏んだ市民が、まちのなかで自由に小商いを楽しむ、そんな活動、そんな風景を奨励する姿勢、ヴィジョンの表れでもある。

これらの事例で大事なことは、屋台単体の話で終わらず、屋台の存在が周辺エリアを元気づける存在になっていることだ。ひとつの大きな箱、大きな資本力ではなく、ちいさな個人単位の商いが、いくつもまちのなかに展開されることは、ひとのスケールに添ったかたちで、まちの風景、まちの個性として人々に認識されることだろう。一見自由に見えるが、何のルールもないところに商いが放たれているわけではない。どこにどういうルールがあると、よい状態を維持していきやすいかが熟考、共有されることで、独特の秩序が生まれている。

[IDEA 09] 新しい管理・マネジメント業
管理業は、クリエイティブ業であるべき

建物の足元や1階をどれだけ変えたとしても、変えた瞬間はスタートに過ぎない。変えた効果を最大限に発揮するには、竣工日から続いていく運営管理とマネジメントに、まちの日常の質、人々の生活の質がかかっている。

たとえばマンションの管理を見てみると、日常的な管理は管理会社から派遣される管理人によって行われている。1階エントランス脇の小さな窓の奥に座っている管理人は、住民からの問い合わせの対応、定時の見回りなど、日々いくつもの業務をこなしている。同様にオフィスであれば、警備員がいたり、清掃するひと、植栽の手入れをするひとたちが出入りしている。どのひともはっきりと決められた管轄で、ひ

たすらその役割に徹している。ひとつの建物、ひとつの施設のためだけに。

　しかし、グランドレベルの視点で建物や施設を捉えると、それぞれの内側で人々がどう接続しているのか、そしてその先で、いかにまちと接続しているかが、住人や利用者にとって、またこの先、入居や購入を検討している潜在的な顧客にとって、ひとつの価値であるほど大切なことなのだ。つまり、そこに本当に必要なものは、コミュニケーションそのものの管理、ということができる。

　もちろん、そんなものがなくても、マンションもオフィスもその他の施設も、それぞれ単体で成りたつ。しかし、これまでのままでは、未知なる可能性を捨て続けているのと同じである。マンションであれば多くのひとが集まって住み、オフィスであれば多くの人々が集まって働いている。挨拶もろくに交わさない現状があるとしても、本当はその中に、ユニークなひと、アイデアのあるひと、その施設やまちのために活動したいという意欲のあるひとが、たくさん紛れているかもしれないのだ。そのポテンシャルを、どう引き出すことができるのか。

　わたしは、管理というマネジメント業には、もっと新しいカタチがあると考える。それを「アーキテクチュアルマネジメント」と呼びたい。住民や利用者の能動性を最大限に生かすことができる、コミュニケーション能力を身につけたひとによる管理、マネジメントだ。

住人が暮らしの目線で物件を案内する

　大阪府箕面市で、ある小さなプロジェクトを起こしてみた。阪急箕面線桜井駅から徒歩６分の閑静な住宅街に、全16戸から成る賃貸テ

ラスハウスが建っている。元は電力会社の社宅で、半年前にリノベーションが済んでオープンしたが、なかなか満室にならず、5戸も空いているという話を聞いた。ある年の、9月のことだった。

　気がつくとわたしは「じゃあ、わたしが住みます。それで一戸、埋まるでしょ？」と言っていた。さらに「住みながら、他の部屋も埋めます。全部埋めて、半年後には帰ってきます」と続けていた。これまで構想してきたアーキテクチュアルマネジメントを実践する、格好の機会だと思ったのだ。わたしには裏テーマがあった。それは既に住んでいる住民同士による、コミュニティの醸成である。これ以上空室ができてしまっては、手が付けられない。何より、賃貸であろうと、分譲であろうと、集合住宅では住民同士が豊かな関係を築いているほうが、住民にとっても、またそのテラスハウスのブランドや付加価値にとっても、よい効果をもたらすと思ったのだ。実際に、そのような使われ方を想定して企画・設計された物件だった。その話を切り出した数日後には現地に引っ越し、右も左もわからない、人縁も地縁もないまちにひとりで、箕面ライフをはじめることとなった。

　実際、住むことからすべてははじまった。まず、客付け（リーシング）については、住みながら、そのエリア、その物件にフィットするであろうターゲットを見直した。大阪の中心部から電車で20分、自然豊かな場所で、かつ集って住むことの良さを大事にしたコンセプトのもと生まれ変わったテラスハウスは、デザイン性も高く、使い方の可能性も広がる優良物件だが、通常の不動産情報としてメディアに載っても、その良さがターゲットに十分伝わっているとは言えなかった。ライフスタイルそのものに意識の高いひとたちに情報が届くべきと、わたしは日々の生活や物件の魅力を伝えるブログを立ち上げて発信し続けると同時に、そういったターゲット層が足を運びそうなカフェや書

店、雑貨店などへチラシを置いてくれるよう、お願いに回った。そこにはわたしの電話番号やラインのアカウントも書いておいた。

すると、見学希望の連絡が入る。そこからが面白い。住人でもあるわたし自身が直接、見学者を出迎え、内見案内することができるのだ。通常のように、尖った靴にエリの高いシャツを着た不動産会社のお兄さんが、なんとなくついていくのとは、ワケが違う。だから、まず見学に来た方が「えっ（この金髪のひと）！」となるのは毎度のこと。だけどわたしはお構いなしで、自分の住む物件を案内した。実際に生活しているから、実体験に基づいた善し悪しも伝えられるし、暮らし目線で周辺環境の話もできる。何よりこの物件が好きだったから、わたしの話には気持ちがこもっていたはずだ。そして最後は「おつかれさまでした。よかったら、うちでお茶でもいかがですか」と、わたしの部屋も案内した。見学者とひととき、ざっくばらんな会話を楽しみながら、実際に家具が入って生活している状況を見てもらえることは、こちらとしても、見学者にとっても好都合だった。

不動産会社も力を入れ、さらにオーナーがフリーレント期間をつけて、借り手にとって経済的な条件が下がっていたことも功を奏し、わたしが移住してからなんと、わずか３ヵ月ですべての部屋が埋まってしまった。オープン時という一番告知に強いタイミングから半年間も埋まらなかったことを考えたら、時期的に見ても、また９月からという季節を考えても、もっと時間がかかると思っていた。

これは言わば新しい物件の管理、リーシングの発見でもあった。不動産の内見や案内などは、実際に住んでいるひとや物件の所有者、設計者など、よりその物件やエリアに対して愛情のあるひとに、アウトソーシングしてしまえばいいのだ。たとえば、わたしが今東京で住んでいるマンションに空きが出たとしたら、箕面のテラスハウスと同様、

第6章　グランドレベルにマイパブリックを！　11のアイデア　235

一住民として案内することができるし、その方が、特に気持ちの込もっていない不動産会社の営業社員がついてくるよりも、圧倒的に成約率はあがると思った。

半年でテラスハウスのコミュニティを醸成させる

もうひとつ、ひそかに自分に課していたミッションである、コミュニティの醸成も、短期間で押し上げることができた。ゴールは、わたしが去って行っても、そこに住まう住民たちが自ら、他の住民たちとの関わりを、楽しんでくれることだ。

引っ越したタイミングこそ、最大のチャンスだ。一戸一戸に宛てて、ちいさな手紙を手書きしてポスティングし、敷地内の共有テラスで、小さなお茶会をしませんか、と呼びかけるところからはじめた。これはどこでも同じだが、同世代の子どもでもいない限り、集まって住んでいても、住人同士はなかなか会話をするきっかけがない。それが、ちょっとした小さな場をつくるだけで、コミュニティの歯車がまわりはじめる。

すぐに住人から、いろんな声があがるようになった。まずは住人同士のLINEグループづくり。次はクリスマスに集まろうよ、次回はうちがチラシをつくりましょうか、じゃあわたしは隣のひとに声をかけてみようかな……。イベントをつくるだけでなくごく日常の中で、名前を覚えあい、挨拶や会話が交わされるようになった頃、ついにわたしが住んでいた部屋にも新しい住人が決定し、わたしは約束通り、半年で東京へ戻ることになった。そのころには、完全にわたし抜きでも、住人同士がコミュニティそのものを自走させていた。今では、東京に

ミノハテラスのみんな。この日は共有部でお花見パーティだ。住人自ら企画開催し、わたしはゲストとして招いてもらった。

いるわたしが、たまには遊びにおいで、とテラスハウスに誘われるようになっている。

　これはあくまでも、16戸という規模の賃貸集合住宅で試みた一例にすぎない。建物、施設のハードだけではなく、そこに集まった人々、ひとりひとりを資源と捉え、どんなコミュニケーションを重ねていくことが、しあわせな関係づくりにつながるのかを、考えて実行すること。それをアーキテクチュアルマネジメントという新しい仕事の職能と定義したい。既存のあらゆる施設において、アーキテクチュアルマネジメントがインストールされていけば、その施設内のコミュニティが醸成されることはもちろん、そのことによってハードとしての資産価値、ひいてはエリアの価値向上にも、貢献することができるだろう。

第6章　グランドレベルにマイパブリックを！ 11のアイデア

特に中規模以上のマンションでは、ろくに相見積も取らず業者の言う がままに管理費を出している住民組合も少なくないはずだ。上手にコ ストカットしてつくったおかねで有意義なプログラムを実践し、今と 将来、物件とエリア、ひととひとを、つないでいくことができるのに。

　アーキテクチュアルマネジメントは人柄やコミュニケーション能力、 クリエイティビティが大いに問われる。これまでの管理業にありがち だったつまらなそうなイメージとは全く違う、エキサイティングな仕 事だ。定年退職後の選択肢というだけではもったいなく、また役不足 だ。年齢や性別を問わず、いきいきとした能力のある人物こそ、個人 力を発揮して活躍できる場になるはずである。

[IDEA 10] 不動産業
オーナーとユーザーをつなげる1階専門不動産屋

　まちを歩いていると、1階にはいろんな事務所やお店が入っている。 しかし時折、せっかくの1階であるにもかかわらず、全面的に目張り をして、中が全く見通せないような閉鎖的な設え、まちに対して関心 も意識もありませんよ、と宣言しているかのような、全く無味乾燥な 設えをしているところも見かける。わたしは、こういう1階利用者に、 こころの中でこう言っている。上階に行け！　逆に、公的な機能を持っ た施設や、地元密着を謳ったコミュニティスペースなどが、人目につ かない上階にひっそりオープンしたりすると、それはそれで、1階で やってくれたらいいのに、と思う。グランドレベルに対して配慮のな かった日本では、店舗や施設の用途や性質と、それが置かれる場所が、 あまりにも食い違っているのだ。

236　　グランドレベル編

1階には、とにかくパブリックマインド、まちに対する意識や関心が高いひとがいるべきだし、そういうひとによる店舗や施設があるべきだ。だって、そこはまちの一部なのだから。よく、オープンカフェを誘致してくればいいのですね、と言われるが、全く違う。業種はほとんど何でも良いのだ。要はまちに対する態度の問題なのだ。

　海外で見られる事例のように、1階のスペースに入る業種や、入り方の詳細までを、制度で縛ることもあり得なくはないが、わたしは不動産業がいかに、マクロな意味での都市計画業でもあり得るか、という可能性に注目したい。そこで、1階専門の不動産業「グランドレベル不動産」を立ち上げる。

　通常、不動産屋は、住宅、飲食、事務所、工場と施設別に展開しているが、グランドレベル不動産では、その用途にかかわらず、とにかく1階（を含む）物件だけを扱う。もちろん、まちや周囲との関わり、エッジの条件が大切なので、普通の不動産であつかう情報よりも、圧倒的に多角的な情報が加わる。これまでのよくある不動産広告に掲載されている項目や、室内外の写真、平面図といったいわゆるスペックだけでは、入居後もっとも肝心なこと、つまりその物件や周辺エリアには、どんな性質の活動や生活が展開されているか、未来予測はどう展望できるか、といったことが、まるで伝わらないからだ。さらにグランドレベル不動産では、こうした視点からの情報を分析した上で、どういう職種、用途に向いているか、こちらから提案する。ちいさなショップを開きたいひとから、事務所利用を考えているひとまで、とにかくパブリックマインドを携えて物件を探しているひとに対して情報を発信しながら、ひとつひとつマッチングさせていきたい。地主や物件オーナーにも、いや貸し手の立場にこそ、パブリックマインドの高いひとはたくさんいる。彼らの望みは、経済的な条件だけではなく、

それ以上に、地域に貢献的な使い方がされるかどうか、まちやまちの人々が豊かになることに、自分が持っている物件が貢献できるか、ということ。一方、それを叶えてくれるようなユニークでチャレンジングな借り手、使い手は、得てして経済的には不自由だ。

パブリックマインドの高い貸し手と、同様のマインドをもって活動する借り手を出会わせることで、彼ら双方のモチベーションが1階というまちの顔に現れる。そのためには、これまでのように経済的ハードルを越えられれば誰でも入れる、ということではなく、1階の家賃を抑えてそのかわり入居者の質を見極める。そのうえで、どう物件全体を回していくか、という新たな視点でのビジネスモデルの構築も重要だ。

グランドレベル不動産というひとつのちいさな不動産屋になるだけではなく、日本中にあまたある既存の不動産屋と協働することで、あるエリアにおけるグランドレベル不動産というチャンネルを構成することも考えられる。いずれのかたちにしても近いうちに実現するため、構想を詰め、準備を進めているところである。

[IDEA 11] 情報空間
あらゆるグランドレベルにマイパブリックの概念を

1995年。わたしがはじめて、パソコンに触れた年だ。今ではすっかりマックユーザーだが、あの頃、Windows95はパソコンを、そしてインターネットというものを、ごく普通の一般人の手元に届けてくれた。わたしはすぐに夢中になった。夜の11時は、情報空間解禁の時間だ。モデムの接続音の向こうに、寡黙にして賑やかな画面の世界が待って

いた。ハロー、ワールド！

　なんというマイパブリックな世界だったのだろう。みんな大したことができるわけでもないけれど、誰かとの出会いが楽しみで、自分のホームページをつくっては、拙い写真や文章を、ホームページに公開していた。クオリティは二の次だし、公開されるコンテンツは、自分がインターネットの世界に存在するための、ただの口実に過ぎなかった。当時日本でのインターネット人口は、全人口の10％にも満たなかった。だからこそ余計に、インターネットを介して何かに出会えるということが、新鮮で刺激的で、うれしかった。

　今にして思えば、あの頃わたしたちは、情報空間におけるグランドレベルを共有していた。ホームページという玄関があり、みんなでそこを、賑やかに彩っていた。そのためのおかねなんか、どこからももらっていなかった。そうすることにむしろおかねや労力がかかっていてもいい。自分がしたいことだから、趣味の一環だったからだ。

　その後、インターネットをとりまく環境は爆発的に整い、今やメールでさえ、SNSやアプリに取って代わられようとしている。個人のホームページから全世界へと発信されていた、あの拙くも無邪気な、無益なコンテンツたちは、いつの間にか、恥ずかしそうにどこかへ消えていった。つまり、グランドレベルに自分の家を、自分なりの玄関を構えるひとは減り、まるで高層マンションに移住したかのようだ。そこでは管理費と引き替えに、何もかもを見ず知らずの何者かに預けてしまえることによって、手間暇はかからなくなった。わたしたちは情報空間を、あてもなく彷徨うこともなくなった。逆に、あてがなければ、どこにも行けないようになってしまった。

　批判したいわけではない。情報空間上であろうと、人工地盤上であろうと、高層マンションであろうと、船の上であろうと、誰かと暮ら

第6章　グランドレベルにマイパブリックを！　11のアイデア　239

す以上、どこかにグランドレベルがあるはずなのだ。誰かと共有するところ、自分だけではないところ。おかねを払ったり、チケットなどを買ったりしなくても、誰でもアクセスできるところのことだ。厳密な公共でなくとも、グランドレベルという事実上のパブリックが豊かになることは、社会そのものを立体的に、豊かにすることだ。自身のささやかな楽しみと、グランドレベルを豊かにすること、そのふたつの交差点が、マイパブリックというわけだ。

　何かを、不特定多数の社会に向けて、ふるまう。そんなマイパブリックの最小単位は個人、自分自身が存在するということかもしれない。わたしというものが誰かの前に立つだけで、視覚から、聴覚から、あるいは嗅覚から、それは膨大な情報を、意図せずして相手に与えてしまうことになる。そう考えると、ひとは互いに、存在するだけで無意識のうちに何かを与え続け、ふるまい続けてしまうものなのだ。どうせなら、それを自分の楽しみとしてデザインしてみよう、というのがマイパブリックの概念だ。

　多様なマイパブリックが能動的に、自由に表現されること。それをそれぞれの距離から認めあえること。からまりしろのある器であること。持続可能であること。グランドレベルに求められることは、社会、都市、まち、個人、あらゆる社会的複合体において、求められることなのかもしれない。より豊かにしあわせに、楽しく生きていくために。

あとがき

　もしも現代の日本に住んでいなかったら、ましてや都心に住んでいなかったら、わたしはマイパブリックなどという概念について考えることも、グランドレベルなどという会社を立ち上げることも、なかったと思います。マイパブリックもグランドレベルも、こうして本まで書かせて頂いた理由はたったひとつで、これらについて、ひとりでも多くのひととともに考え、具体的に実践していきたいと思っているからに他なりません。

　2016年、館内で挨拶しないことがルールになったマンションが話題になり、わたしも深く考えさせられました。今後、マンションやまちという集合体は、どんなに豪華な設備か、駅チカで便利か、といったスペックではなく、そこでどんな人々が、どんな暮らしを送ることができるか、という活動の質が問われ、新たな価値基準になると、わたしは考えています。多様化、多様性と言われていますが、大きく見て二極化すると思います。たとえば挨拶禁止で徹底的なプライバシーを求める人々と、他者との関わりを楽しみたい人々では、選ぶマンションやまちが、変わるのではないでしょうか。

　どちらがいい、と言いたいわけではありません。ただ、ここでの「質」という言葉の根底にも、マイパブリックとグランドレベルが垣間見えるように思うのです。人間的とか豊かさというのは抽象的な言葉ですが、それが表す具体的な意味とは、ひとりひとりでそんなにかけ離れ

ているとは思えません。あらゆる「質」とは、その時間や段階、空間に終わりがなく、脈々とつながっていくものなのだと思います。

わたしはやさしいと言われたとき、こう考えています。わたしをやさしくしてくれたのは、その相手、そのときの環境に他ならない、と。コミュニティ、コミュニケーションと簡単に言っても、いざやろうと思ってすぐうまくできることではないと思います。ほんのちょっとした言葉の選び方、他愛もないもののデザイン、わたしたちをとりまくすべてのものが、ひとの状態や、ひととひととの関係性を、大きく左右すると思うのです。

1分を待つのもしんどいのに、人生はあっという間だそうです。だからこそ、途切れることなく日々わたしたちの楽しみやしあわせの「質」を左右する、まちという場、つまりグランドレベルが、さまざまなるマイパブリックによっていきいきと生きていて欲しい。そのためにしたいこと、できることを見つけて、楽しくもがいていきたいと思っています。

晶文社の安藤聡さん、デザイナーの藤田康平さん、マイパブリックという概念や活動、弊社グランドレベルに協力、賛同してくださっているたくさんの方々、すてきなマイパブリッカーたち、愛に溢れる友人知人、パートナーの大西正紀、最後まで読んでくださったあなたに。筆舌に尽くしがたいけど、でも言います。どうもありがとう。

田中元子

著者について

田中元子（たなか・もとこ）

株式会社グランドレベル代表取締役。1975年茨城県生まれ。独学で建築
を学び、2004年大西正紀と共にクリエイティブユニットmosaki（モサキ）を
共同設立。建築やデザインなどの専門分野と一般の人々とをつなぐことを
モットーに、建築コミュニケーター・ライターとして、主にメディアやプロジェ
クトづくりを行う。2010年よりワークショップ「けんちく体操」に参加。同活
動で2013年日本建築学会教育賞（教育貢献）を受賞。2014年建築タブ
ロイドマガジン『awesome!』を創刊。同年より都市部の遊休地にキャンプ
場を出現させる「アーバンキャンプ」を各地に展開。2015年よりパーソナル
屋台の活動を開始。2016年株式会社グランドレベルを設立。

マイパブリックとグランドレベル
——今日からはじめるまちづくり

2017年12月10日　初版
2024年 4 月 5 日　 9 刷

著者————————田中元子
発行者———————株式会社晶文社
　　　　　　　　　　　東京都千代田区神田神保町1-11 〒101-0051
電話————————03-3518-4940（代表）・4942（編集）
　　　　　　　　　　　URL http://www.shobunsha.co.jp
印刷・製本————中央精版印刷株式会社

©Motoko TANAKA 2017
ISBN978-4-7949-6982-8 Printed in Japan

JCOPY 〈（社）出版者著作権管理機構 委託出版物〉
本書の無断複写は著作権法上での例外を除き禁じられています。複写される場合は、そのつど事前に、（社）出版者著作
権管理機構（TEL:03-5244-5088 FAX:03-5244-5089 e-mail: info@jcopy.or.jp）の許諾を得てください。

〈検印廃止〉落丁・乱丁本はお取替えいたします。

 好評発売中

ローカル線で地域を元気にする方法　鳥塚亮

廃線目前の赤字ローカル線に公募でやってきた社長は、筋金入りの鉄道ファンにして、元外資系航空会社の運行部長。陸も空も知り尽くした「よそ者社長」の斬新なアイデアで、赤字路線は地域の観光シンボルとして活気を取り戻す。はたしてそのビジネスモデルの秘密とは？ その手腕にいま全国から注目が集まる著者の、体験的地域ビジネス論。

日本のカタチ2050　山崎亮・馬場正尊・竹内昌義・マエキタミヤコ

2050年、日本の人口は9500万人規模にまで減少している。その時、日本はどのような国になっているのだろうか。建築、都市計画、エコロジー、コミュニティデザインの専門家4人が、2050年までに日本に起こりうる問題と、それに向けていま私たちができることについて協議。未来を予測する本ではなく、未来をつくるための本。

街直し屋　リパブリック・イニシアティブ 編

衰退する地方都市を活性化させるには、現代社会の「パブリック」を問い、再構築しなければならない。そこには発想のプロである「街直し屋」の視座が必要だ。人々が生き生きと暮らすために、全国各地で手がけられた10人の「街直し屋」の仕事を紹介。まちとひとの再生に向けて、新たな発想を生み出すためのヒントに満ちた事例集。

これからの地域再生　飯田泰之 編　〈犀の教室〉

現状進んでいる「東京一極集中」をこのまま是認していいのだろうか？ リスクを分散させ、金沢、高松、山口、長野、福岡はじめ人口10万人以上の中規模都市を豊かに、個性的に発展させることが、日本の未来を救う。建物の時間と場所のシェア、ナイトタイムエコノミー、地元農業と都市の共存……未来のヒントが詰まった試論集。

こんなまちに住みたいナ　延藤安弘

絵本のなかにはまちづくりのヒントになる思想がたくさんある。人とのつながり、合意形成、創意と協働、歴史の引き継ぎ……。コーポラティブハウスを提唱し、地域づくり、まちづくり、コミュニティデザインなどに長い間携わり、先駆的な仕事をしてきた著者が、コミュニティに必要な心の栄養素について、絵本を通して探っていく。

環境と経済がまわる、森の国ドイツ　森まゆみ

ドイツは福島第一原発の事故を受け、脱原発に舵を切った。原発に頼らない社会をどのように達成しようとしているのか？ ドイツのエコビジネス、エコ住宅などを取材。環境都市フライブルク、町自前の電力会社をもつシェーナウなどの町を訪ね、市民の実感を伴う、環境対策、脱原発への道筋を探る。ドイツにできて、日本にできないのは、なぜか？

無くならない　佐藤直樹

コンピュータを使ったデザインの黎明期に『WIRED』日本版などを手掛け、20年以上一線で活躍してきた著者が、ある日突然木炭画を描き始めた。絵を描くのが止まらなくて、その絵はなんと100メートルに！ デザインとアートの間を自在に行き来するアートディレクター・佐藤直樹が語る、これからの芸術について。大友良英、細馬宏通らとの対談も。